A ERVA AMARGA

Marga Minco

A ERVA AMARGA

Tradução de
Maria Júlia Abreu de Souza

1ª edição

EDITORA RECORD
RIO DE JANEIRO • SÃO PAULO
2018

CIP-BRASIL. CATALOGAÇÃO NA PUBLICAÇÃO
SINDICATO NACIONAL DOS EDITORES DE LIVROS, RJ

M615e   Minco, Marga, 1920
A erva amarga / Marga Minco; tradução de Maria Júlia
Abreu de Souza. – 1ª ed. – Rio de Janeiro: Record, 2018.

Tradução de: Het bittere kruid
ISBN 978-85-01-11305-4

1. Minco, Marga, 1920 – Narrativas pessoais. 2. Guerra
Mundial, 1939-1945 – Atrocidades. 3. Genocídio – Europa –
História – Séc. XX. 4. Massacres – Europa – História – Séc. XX.
5. Holocausto judeu (1939-1945). 6. Alemanha– História –
1933-1945. I. Souza, Maria Júlia Abreu de. II. Título.

CDD: 920.99405318
17-46549   CDU: 929:94(100)"1939/1945"

Título original:
HET BITTERE KRUID

Copyright © 1957 by Marga Minco
Publicado originalmente em 1957 por Uitgeverij Prometheus, Amsterdã.

Foto de capa: Hoge Sluisbrug, Amsterdam/ Cas Oorthuys/ Nederlands
Fotomuseum

Este livro foi publicado com o auxílio da Dutch Foundantion for Literature.

N ederlands
**letterenfonds
dutch foundation
for literature**

Texto revisado segundo o novo Acordo Ortográfico da Língua Portuguesa.

Todos os direitos reservados. Proibida a reprodução, no todo ou em parte,
através de quaisquer meios. Os direitos morais da autora foram assegurados.

Direitos exclusivos de publicação em língua portuguesa somente para o
Brasil adquiridos pela
EDITORA RECORD LTDA.
Rua Argentina, 171 – Rio de Janeiro, RJ – 20921-380 – Tel.: (21) 2585-2000,
que se reserva a propriedade literária desta tradução.

Impresso no Brasil

ISBN 978-85-01-11305-4

Seja um leitor preferencial Record.
Cadastre-se no site www.record.com.br e receba
informações sobre nossos lançamentos e nossas promoções.

Atendimento e venda direta ao leitor:
mdireto@record.com.br ou (21) 2585-2002.

Passa pela minha cabeça
um trem cheio de judeus, eu desvio o
passado,
assim, como uma mudança de trilhos...

BERT VOETEN

Em memória dos meus pais,
Dave e Lotte,
Bettie e Hans

Sumário

Um dia	11
A avenida Klooster	17
As estrelas	21
O vidrinho	27
As fotos	33
Aconteceu	37
As canecas	41
O selo	47
A custódia	51
Em casa	55
No porão	59
Shabat	63
A menina	69
A rua Lepel	75
Os homens	79
A erva amarga	85
A separação	91
O cruzamento	97
A cama	103
O pião	109
A outra	113
Epílogo: O ponto	121
Glossário	127

Um dia

Começou num dia em que o meu pai disse: "Vamos ver se todo mundo já voltou." Tínhamos passado alguns dias fora. Toda a cidade fora evacuada. Rapidamente havíamos arrumado uma mala e nos juntado às intermináveis fileiras de pessoas que partiam para a fronteira belga. Bettie e Dave estavam em Amsterdã.

— Eles nem vão saber disso — comentou a minha mãe.

Foi uma viagem longa e perigosa. Transportamos a mala numa bicicleta. No guidom penduramos as sacolas abarrotadas. Às vezes, estilhaços de bombas e balas de metralhadora zuniam acima das nossas cabeças. De vez em quando alguém era atingido e um pequeno grupo ficava para trás.

Perto da fronteira belga encontramos abrigo nas casas dos fazendeiros. Dois dias depois, vimos as tropas de ocupação circulando pelas estradas, e algumas horas mais tarde as pessoas que foram evacuadas já regressavam à cidade.

— O perigo passou! — veio nos dizer um conhecido, e nós também voltamos.

Em casa tudo estava como tínhamos deixado. A mesa ainda estava posta. Só o relógio havia parado. Minha mãe imediatamente abriu as janelas. Do outro lado, uma mulher pendurava seus cobertores na sacada. Mais à frente, alguém sacudia os tapetes, como se nada tivesse acontecido.

Fui dar uma volta com o meu pai. O vizinho da casa ao lado estava no jardim. Assim que viu o meu pai, ele foi até o portão.

— O senhor os viu? — perguntou. — Isso não está para brincadeira, hein?

— Não — respondeu o meu pai. — Eu ainda não vi nada. Vamos dar uma olhada agora.

— A cidade está repleta deles — disse o vizinho.

— É natural — comentou o meu pai. — Breda tem uma guarnição militar, isso era de se esperar.

— Eu gostaria de saber — continuou o vizinho — quanto tempo eles vão ficar por aqui.

— Não muito, tenho certeza — afirmou o meu pai.

— E vocês? — perguntou o vizinho, aproximando-se um pouco. — O que pretendem fazer?

— Nós? Nós não vamos fazer nada. O que deveríamos fazer?

O vizinho deu de ombros e arrancou uma folha da sebe.

— Quando se ouve o que eles estão fazendo por lá...

— As coisas não vão chegar a esse ponto aqui — retrucou o meu pai.

Seguimos em frente. No fim da rua encontramos o senhor Van Dam.

— Ora, vejam! — exclamou. — Então já estamos todos de volta!

— Como pode ver — disse o meu pai —, todos sãos e salvos e novamente em casa. Já falou com muitos conhecidos?

— Claro — respondeu o senhor Van Dam —, com vários. Parece que o filho da família Meier viajou com uns amigos para a fronteira francesa.

— Ah, esses jovens gostam de uma aventura. Não posso culpá-los.

— Sua outra filha e seu filho não foram com vocês?

— Não, eles estão em Amsterdã. Estão em segurança lá.

— Por enquanto... — comentou o senhor Van Dam.

— Bem, nós vamos andando.

— O que o senhor Van Dam quis dizer com "por enquanto"? — perguntei ao meu pai enquanto prosseguíamos.

— Eu acho que ele vê as coisas de forma pessimista.

— Como o homem da casa ao lado.

Meu pai franziu a testa.

— Ainda não se pode dizer nada sobre o assunto, temos que esperar.

— O senhor acha que eles fariam com a gente o mesmo que fizeram com...

Eu não terminei a frase. Estava pensando nas histórias terríveis que tinha ouvido nos últimos anos. Tudo sempre se passava tão longe!

— Isso nunca vai acontecer por aqui — declarou o meu pai. — Aqui é diferente.

No pequeno escritório da loja de confecções do senhor Haas, na rua Catharina, pairava um cheiro forte de tabaco. Vários membros da comunidade se encontravam lá, como se estivessem em reunião. O pequeno senhor Van Buren girava na cadeira de escritório, gesticulando violentamente. Sua voz era meio áspera. Quando entramos, ele falava sobre um serviço religioso especial que deveria ser celebrado.

— Eu estou de acordo — disse o meu pai.

— Será que rezar adianta? — questionou o filho do senhor Haas. Ninguém pareceu tê-lo ouvido, pois não houve resposta.

De repente, eu me arrependi por ter vindo com o meu pai. Percebi que tão cedo ele não poderia ir embora. Como não quis mais ficar na sala esfumaçada, fui para o corredor que dava para a loja. Não havia ninguém. Andei em volta dos balcões e das prateleiras cheias de peças de roupa. Quando era criança, eu brinquei muito aqui com os filhos do senhor Haas. Nós nos escondíamos atrás dos casacos e das caixas e nos enfeitávamos com fitas e retalhos de tecido do atelier, para brincar de fazer compras depois que a loja fechava. O mesmo cheiro seco e adocicado, característico de roupas novas, ainda pairava no ar. Perambulei pelos corredores estreitos até o ateliê e o armazém. Parecia domingo. Hoje ninguém viria fazer compras nem encomendar um casaco sob medida. Eu me sentei sobre uma pilha de caixas num canto para esperar. Estava muito escuro, pois, com as folhas externas das janelas fechadas, a única luz vinha do corredor. Havia um casaco pendurado na parede. Ainda estava alinhavado. Talvez nem viessem mais buscá-lo. Tirei-o do cabide e o vesti. Eu me olhei no espelho. O casaco ficava muito comprido.

— O que você está fazendo? — Era a voz do meu pai. Levei um susto, porque não o tinha visto chegar.

— Estou experimentando um casaco.

— Agora não é hora de pensar num casaco novo.

— Eu não quero esse casaco, de qualquer forma.

— Eu procurei você por toda parte. Vamos?

Tirei o casaco e o pendurei novamente no cabide. Lá fora, percebi que tinha ficado muito tempo no escuro. Precisei me adaptar à luz intensa do sol. Havia bastante movimento na rua. Muitos carros e motos estranhos circulavam. Um soldado perguntou para alguém que andava à nossa frente o caminho para a praça do mercado. Explicaram-lhe gesticulando muito. O soldado bateu um salto da bota no outro, prestou continência e seguiu na direção indicada. Soldados das tropas de ocupação passavam regularmente por nós. Caminhávamos normalmente entre eles.

— Está vendo? — comentou o meu pai quando estávamos quase em casa. — Eles não fazem nada com a gente. — E, ao passarmos pelo portão do vizinho, murmurou outra vez: — Eles não fazem nada com a gente.

A avenida Klooster

Quando eu e a minha irmã éramos pequenas, muitas vezes as outras crianças zombavam de nós na saída da escola. Frequentemente, ficavam à nossa espera no fim da avenida Klooster. "Venha comigo", dizia Bettie sempre com firmeza, agarrando minha mão. Às vezes, timidamente, eu sugeria que fôssemos por outro caminho ou que voltássemos. Mas ela seguia em frente, arrastando-me em direção ao grupo que nos xingava. Golpeando com sua pasta à esquerda e à direita, minha irmã abria caminho entre o bando de crianças que, por todos os lados, nos batia e nos empurrava. Muitas vezes eu me perguntava por que éramos diferentes.

— O professor falou que judeu é gente ruim — disse um menino que morava perto de nós e que frequentava uma escola católica. — Vocês mataram Jesus. — Naquela época eu nem sabia quem era Jesus.

Em outra ocasião, vi o meu irmão brigar com um menino que não parava de chamá-lo de "judeu sujo". Ele só se calou quando Dave o derrubou no chão. Com a cabeça sangrando, meu irmão entrou em casa. Então, meu pai nos mostrou uma cicatriz na têmpora, da sua época de escola, que um menino havia arranhado com um prego. "Lá em Achterhoek também zombavam de nós", disse.

Eu tinha uma amiga que sempre vinha me buscar para irmos à escola. Ela se chamava Nellie e seus cabelos eram loiros, quase brancos. Sempre esperava à porta. Nunca entrava. Quando a porta estava aberta, ela espreitava, curiosa, o corredor.

— Como é a casa de vocês por dentro? — perguntou um dia.

— Venha ver — sugeri.

Mas ela não ousava, pois sua mãe a havia proibido de entrar na casa de judeus. Eu estava numa idade em que já conseguia achar graça nisso. Tinha 11 anos. Eu disse a ela que o meu pai comia as criancinhas que a minha mãe tinha cozinhado na sopa antes. Desde então, ela entrava escondida, sem que sua mãe soubesse.

Quando ficamos mais velhos, não percebíamos mais quase nada disso; crianças com menos de 10 anos são, em geral, mais cruéis que adultos. No entanto, eu me lembro de uma empregada que, antes de vir trabalhar para nós, teve que pedir uma permissão especial ao padre. Ele aprovou; o padre até lhe disse que não precisava se limitar a comer peixe às sextas. Era uma excelente oportunidade para ela, já que nesse dia tínhamos um jantar farto, com vários tipos de carne à mesa.

Meu pai era um homem devoto, que gostava de cultivar em casa as leis e os rituais judaicos. Deve ter sido penoso para ele ver que cada vez mais nós nos afastávamos das tradições, por causa da convivência com amigos não judeus, para que pudéssemos participar de tudo que eles faziam. Foi mais difícil para Dave. Ele era o mais velho, e foi o primeiro a romper com as leis, tornando tudo mais fácil para nós, suas irmãs. Ainda me lembro do dia em que comi uma coxa de lebre numa lanchonete com um amigo. Eu estava fazendo algo completamente proibido. Antes de comê-la, hesitei, como se faz no início do verão, quando se está pela primeira vez à beira de uma piscina. Mas, se for perseverante, a segunda vez é mais fácil, e por aí vai. Durante a ocupação, a palavra "proibido" adquiriu outro sentido para nós. Era proibido ir a bares, restaurantes, teatros, cinemas e jardins públicos; era proibido ter bicicleta, telefone ou rádio. Muita coisa era proibida.

Se eu ainda fosse pequena, com certeza teria perguntado se tudo isso era porque tínhamos matado Jesus. No primeiro ano da guerra, caí doente. Tive que fazer um tratamento na época em que os meus pais saíram de Amersfoort e foram morar com o meu irmão, que nesse meio--tempo havia se casado.

Eu estava deitada na ala de um hospital em Utrecht e não me permitiam sair da cama. Minha preocupação com meu estado de saúde veio substituir minha preocupação com a guerra. A única distinção que médicos e enfermeiras faziam entre os pacientes era entre o grau mais ou menos sério de tuberculose. Talvez por isso eu não tenha achado o tratamento tão desagradável quanto se tivesse que fazê-lo numa época normal. A guerra e as novas medidas só vinham até minha cama no horário de visita. Mas era como se elas não se referissem a mim ou se passassem em outro mundo.

Quando minha condição melhorou, eu não podia mais ignorá-las. Sabia que, ao deixar o hospital, voltaria para a avenida Klooster, e que o bando de crianças estaria à minha espera para me xingar e que eu deveria mais uma vez enfrentá-las.

As estrelas

Da janela do meu quarto vi ao longe o meu pai chegar. Eu tinha saído do hospital havia algumas semanas. Ainda precisava descansar um pouco, mas já estava totalmente recuperada.

De Amersfoort, eu só conhecia aquela rua. Ficava num bairro afastado e calmo, com casas novas geminadas, cercadas de jardins.

Meu pai caminhava com passos curtos e firmes, e, ao passar por uma mulher que colhia flores, ergueu o chapéu num gesto galante. Ela pareceu lhe dizer alguma coisa, pois ele deteve o passo um instante. Quando chegou perto de casa, vi que segurava um embrulho. Um pacotinho embrulhado em papel pardo. Desci, pus a cabeça no vão da porta da sala e anunciei:

— Lá vem o papai com um pacotinho.

Já na porta da frente, perguntei:

— O que tem aí dentro?

— Dentro do quê? — replicou o meu pai, pendurando com calma o chapéu e o casaco. Tinha colocado o embrulho em cima do mancebo.

— Ora — respondi, impaciente —, daquele pacotinho que você trouxe.

— Você vai ver, vamos lá para dentro.

Segui-o até a sala. Sob os olhares curiosos de todos, ele pôs o pacote em cima da mesa, desamarrou pacientemente o barbante e desdobrou o papel. Eram as estrelas.

— Eu trouxe algumas para cada um — avisou. — Assim, vocês podem costurá-las em todos os casacos.

Minha mãe tirou uma do pacote, observou-a com atenção e disse:

— Vou ver se tenho linha de seda amarela.

— É cor de laranja. A gente tem que usar linha cor de laranja — corrigi.

— Eu acho melhor usar alguma linha da cor do casaco — sugeriu Lotte, a esposa de Dave.

— Vai ficar horrível no meu casaco vermelho — comentou Bettie, que tinha vindo de Amsterdã para passar uns dias conosco.

— Resolvam como vão fazer — concluiu o meu pai —, mas não se esqueçam de que elas têm que ficar do lado esquerdo, na altura do peito.

— Como você sabe disso? — perguntou a minha mãe.

— Ora, estava no jornal — explicou o meu pai. — Você não leu? Elas têm que ficar bem à vista.

— Você trouxe tantas! — Minha mãe distribuía duas ou três estrelas para cada um. — Deu para conseguir tudo isso?

— Sim, quantas quisesse.

— Assim fica mais fácil — disse ela. — Temos algumas de reserva para as roupas de verão.

Fomos pegar os nossos casacos no mancebo e começamos a coser as estrelas. Bettie costurava meticulosamente com pontos pequenos, quase invisíveis.

— Você tem que fazer uma bainha, fica melhor — sugeriu, ao ver a costura desleixada que eu estava fazendo.

— Que coisa mais difícil! Como é possível fazer uma bainha com esses pontinhos minúsculos?

— Primeiro você tem que alinhavar a bainha — explicou Bettie. — Depois você prende a estrela no casaco com alfinetes, costura direito e então tira a costura alinhavada. Aí fica bom.

Comecei de novo. Eu não era tão jeitosa com agulha e linha quanto Bettie. No fim, a estrela ficou torta.

— Agora não dá para ler o que está escrito. — Suspirei. — Mas não tem importância. Todo mundo sabe do que se trata.

— Olhem, cabe direitinho no xadrez do meu casaco — comentou Lotte. Ficamos observando o casaco, que ela vestiu imediatamente.

— Ótimo! — aprovou a minha mãe. — Você fez um bom trabalho.

Bettie também colocou seu casaco e as duas começaram a andar pelo quarto juntas.

— Parece até o Dia da Rainha! — exclamei. — Esperem que eu também vou colocar o meu.

— Sua estrela vai cair logo, logo — avisou Bettie.

— Que nada! — protestei. — Ela não vai cair de jeito nenhum!

— O que vocês estão fazendo? — perguntou Dave. Parado à porta, ele nos olhava parecendo surpreso.

— Estamos costurando as estrelas — respondeu Lotte.

— Eu estou procurando o meu casaco. Alguém o viu?

— Está aqui — avisou Lotte —, mas ainda não está pronto.

— Eu vou ter que dar uma saída. Será que posso vestir assim mesmo?

— Hoje ainda pode — respondeu o meu pai.

— Quer que eu costure para você? — eu me ofereci. — Eu sou bastante jeitosa.

— Não — disse Dave. — Me deixe pelo menos hoje ser uma pessoa igual a todas as outras.

Quando Dave abriu o portão do jardim e caminhou pela rua, nós o acompanhamos com o olhar, como se ele tivesse algo de especial.

O vidrinho

Meu irmão examinava atentamente o vidrinho de remédio que estava segurando, cheio de um líquido meio marrom.

— Você está doente? — perguntei.

— Não, por quê?

— Então para que esse remédio?

— É para amanhã — explicou.

— Para... err... os nervos?

— Não, é para outra coisa.

— É perigoso? — quis saber Lotte.

— Talvez — disse ele. Tirou a rolha e cheirou o conteúdo do vidrinho.

— E mesmo assim você vai tomar? — insistiu ela.

— Ah! — exclamou Dave.

Ele pôs o vidrinho no bolso e saiu pelas portas que davam para o jardim. Apanhou uma pedrinha do chão de cascalho e a jogou por cima da cerca. Fui atrás dele, pois minha espreguiçadeira estava embaixo da marquise. Eu ainda não podia me expor totalmente ao sol. Só as pernas.

Puxei a cadeira para que o sol batesse apenas nos meus pés.

— Puxa, durou muito tempo, não é? — perguntei a Dave que, de costas para mim, olhava para o jardim.

— O que durou muito tempo?

— Minha doença. Eu estou farta de ficar deitada.

— Você deveria estar feliz por estar melhor.

— E você, vai ficar doente com aquilo?

— Aquilo o quê?

— Aquele... vidrinho — respondi, hesitando.

Ele deu de ombros.

— A gente fica um pouco indisposto, mas é necessário.

Ele se virou e entrou em casa.

No dia seguinte, meu pai e ele — assim como todos os homens judeus de Amersfoort — teriam que fazer um exame médico para os campos de trabalho. Meu pai achava que não ia ser aprovado. Uma antiga irritação na pele era agora motivo de muita satisfação. "Eles não vão me aceitar, vocês vão ver", declarou. Eu suspeitava que ele estivesse fazendo algo para piorá-la. Sabia que Dave estava procurando um jeito de evitar a ida para um campo de trabalho.

Assim que a notícia foi divulgada, ele foi atrás dos seus conhecidos, e dias depois avisou que tinha encontrado algo. No começo, não relacionei o vidrinho de remédio com a questão. Eu sempre associei remédio com restabelecimento da saúde.

Da sala, veio o som de um violino. Há muito tempo não ouvia o meu irmão tocar. Eu me virei na espreguiçadeira e espreitei lá dentro. Ele estava de pé, no meio da sala, e improvisava umas czardas. Sentada, Lotte olhava para ele. Dave estava com a cabeça um pouco inclinada para a frente, o cabelo caindo no rosto. Eu conseguia ver os dedos de sua mão esquerda se movimentando pelas cordas. Recostei-me novamente para escutá-lo, porém, de repente, a música cessou, e logo depois ouvi o estalido da tampa da caixa do violino.

Na manhã seguinte, vi o vidrinho no banheiro. Cuidadosamente tirei a rolha. Tinha um cheiro enjoativo. Descobri que já não continha o líquido todo. Era um vidro como os que se vê nas prateleiras das farmácias. A única diferença era que não tinha rótulo nenhum. De tarde ainda estava no mesmo lugar, só que vazio e destampado, com a rolha ao lado. Justamente quando eu descia as escadas, Dave subia. Chegando ao último degrau, ele se virou e desceu correndo, e logo em seguida subiu outra vez. Ele estava pálido e com gotas de suor no rosto.

— Faz efeito assim tão rápido? — perguntei.

— Faz — murmurou, subindo a escada de novo.

— Mas também é necessário subir e descer a escada tantas vezes?

— Tudo é necessário. Descer é rápido, subir é bem mais difícil.

— Quanto tempo você vai ficar fazendo isso?

— A gente já vai sair.

Eles demoraram muito para voltar.

— Talvez eles fiquem detidos por lá — falou a minha mãe.

— Tem muita gente para ser examinada — argumentei.

— Tomara que o vidrinho tenha ajudado! — comentou Lotte.

Algumas horas mais tarde eles voltaram para casa. Dave estava com um aspecto ainda pior que antes, mas tanto ele quanto o meu pai pareciam animados, pois os dois tinham sido rejeitados.

— O que o médico disse? — quis saber Lotte.

— Ele não falou muita coisa — respondeu Dave —, mas achou que eu não tinha condições de ir para um campo de trabalho. — Ele foi se deitar no sofá. Estava com o cabelo desgrenhado e com olheiras.

Eu o tinha visto deitado assim há alguns anos. Dave estudava em Roterdã e, quando o meu pai foi visitá-lo sem avisar, descobriu que ele estava há mais de uma semana na farra e em permanente estado de embriaguez. Meu pai o trouxe para casa. "Essa bebedeira toda faz mal à saúde", disse.

Meu irmão balançava o braço ao longo do sofá; tinha desabotoado a camisa.

— Puxa, e foram só algumas gotas! — comentou.

As fotos

Alguns dias depois, Dave já havia se recuperado dos efeitos negativos do líquido marrom. Lotte corria com lanches gostosos da cozinha para o quarto e a minha mãe vinha com vários conselhos.

— Dê bastante leite para ele, é sempre bom nesses casos — dizia ela, como se tivesse lidado com muitos casos como esse.

— Deixem-no descansar — falava o meu pai. Mas Dave não demorou a aparecer lá embaixo. No entanto, ele ainda passou mais um tempo com uma aparência péssima. Mesmo assim ele foi ao fotógrafo, tal como os outros.

Foi a senhora Zwagers quem tinha começado com isso.

— Todos nós fomos tirar umas fotos — comentou ela uma tarde quando veio tomar chá com a minha mãe. — Eu e o meu marido juntos e as crianças. Sabe, é uma boa lembrança para mais tarde. Nunca se sabe o que vai acontecer, e pelo menos assim a gente tem uma foto de todo mundo.

Minha mãe concordou:

— Precisamos fazer o mesmo. Eu acho uma boa ideia.

— Então vamos todos ao Smelting — declarou o meu pai, depois de a minha mãe ter falado sobre isso com ele. E nos recomendou:

— Arrumem-se bem.

— Eu não sou muito fotogênica — falei. Não estava com muita vontade de ir.

— Isso não tem a menor importância — retrucou a minha mãe.

— E, além disso — continuei —, a gente já tem muitas fotos. Um álbum cheio.

— Quase todas tiradas nas férias, instantâneos muito antigos.

— Mas são boas — retorqui. — Por que a gente precisa de fotos posadas?

— Smelting tira boas fotos — argumentou a minha mãe.

Embora não estivesse nos meus planos sair numa foto, fui com eles. Lotte estava usando um vestido novo de verão, e seu cabelo preto como azeviche estava preso num coque bem-feito. Ela e Dave posaram juntos no sofá do senhor Smelting.

— Olhem um instante para a minha mão — pediu o fotógrafo.

Ele levantou a mão e o meu irmão e sua esposa olharam para ela.

— Agora, sorriam — pediu o senhor Smelting. Eles sorriram ao mesmo tempo.

— Obrigado. Quem é o próximo?

Meus pais também olharam para a mão.

— Abram um belo sorriso. Vocês têm que parecer o mais feliz possível numa foto.

— Eu volto outro dia — falei.

Foi um período bastante movimentado para o senhor Smelting. As pessoas faziam a notícia circular. Frequentemente recebíamos visitas de conhecidos que vinham nos mostrar suas fotos. Todos na mesma pose. Todos tinham olhado para a mão e sorrido por um instante. Certa tarde, a minha mãe saiu para visitar a senhora Zwagers; ela também queria mostrar as nossas fotos. Mas em menos de meia hora já estava de volta com uma expressão consternada.

— Eles sumiram — disse ela. — A família inteira está escondida. Os vizinhos me contaram. Deixaram tudo para trás. Passei na frente da casa deles. Parecia que eles ainda estavam morando lá.

Foi a primeira vez que ouvimos falar de alguém que havia entrado na clandestinidade.

— Para onde eles podem ter ido? — questionei.

— Sem dúvida para algum lugar no interior, para a casa de alguém do campo. Ela não comentou nada sobre isso — disse a minha mãe.

— Claro que não — disse o meu pai. — Isso não se anuncia.

— Que coisa! Deixar tudo para trás desse jeito! — comentou a minha mãe.

— Quando a gente sai de férias, também deixa tudo para trás — retruquei.

— Mas pelo menos a gente sabe quando volta — rebateu ela. E continuou: — E com quatro filhos quanta coisa tem que se levar!

— Entrar na clandestinidade — falei para o meu pai — parece que é a mesma coisa que se retirar da vida.

— Talvez eles estejam certos — comentou ele. — O que se pode dizer sobre isso?

— Eu queria tanto mostrar as nossas fotos para ela! — falou a minha mãe. — Quem sabe quanto tempo eles ainda vão ficar fora.

Aconteceu

Servos dominam sobre nós;
ninguém há que nos livre da sua mão.

LAMENTAÇÕES 5, 8

Eu sempre achei que nada iria acontecer conosco. Portanto, no começo eu não conseguia acreditar que fosse verdade. Naquela manhã em que o telegrama de Amsterdã chegou, meu primeiro pensamento foi: alguém deve ter se enganado. Mas não era o caso.

Para saber os detalhes, fui com o meu pai ligar da casa de um conhecido, que era casado com uma parteira. Ela não era judia e por causa do trabalho eles puderam manter o telefone. Num quarto escuro de fundos, ela arrumava uma maleta enquanto o meu pai tentava ligar para Amsterdã. Eu não pude deduzir muito da conversa. Meu pai dava respostas curtas após longas pausas, como se a pessoa do outro lado estivesse lhe contando uma história detalhada.

Nesse meio-tempo, a parteira andava de um lado para o outro, procurando alguma coisa no armário, indo para outro aposento e voltando para o quarto. Ela era alta e loira, usava sapatos baixos e as solas de couro rangiam sem parar.

— Eles começaram pela praça Merwede — disse o meu pai, quando a conversa terminou. Ele ficou parado por um momento segurando o telefone.

— Vou sair junto com vocês — disse a parteira. Ela fechou a maleta, vestiu o casaco e foi andando na nossa frente pelo corredor. — São tempos terríveis. E eu tenho andado tão ocupada que mal consigo acompanhar.

— Eles passaram com os furgões às nove da noite — disse o meu pai. Ele parou no batente da porta, como se hesitasse entre ir para a rua ou voltar para o quarto do telefone.

— É a sua outra filha? — perguntou a parteira. Meu pai assentiu. A parteira fechou a porta.

— Quanto eu lhe devo? — perguntou ele.

— Sessenta centavos — respondeu ela. — Quase sempre é uma filha. As pessoas sempre acham que vai ser um filho, mas na maioria dos casos é uma filha. — A parteira se despediu e montou rapidamente na bicicleta.

Lentamente, segui com o meu pai para a outra direção. Ele olhava fixamente para a frente.

Eu imaginava a cena: via os furgões e a minha irmã sentada lá dentro.

— Não há nada que se possa fazer — falou o meu pai. — Não se pode nem estender a mão.

Eu não sabia o que dizer. Sentia-me como daquela vez, há muitos anos, quando ela quase se afogou. Estávamos hospedados na casa dos meus avós em Achterhoek e de lá fomos passar o dia às margens do rio Dinkel. Eu tinha 7 anos; Bettie, 8. Brincávamos com os pés na água enquanto nossos pais estavam sentados à sombra de uma árvore. Fomos colher flores na margem e Bettie disse: "As que estão lá do outro lado são mais bonitas." Ela deu alguns passos e desapareceu. Fiquei paralisada e muda, olhando para o braço de Bettie, apenas visível porque ela se segurava num tufo de arbusto. Meu pai se jogou de roupa mesmo na água a tempo de agarrá-la pela mão.

Durante muito tempo eu vi a imagem daquele braço estendido para fora da água. Só que era um braço diferente do dela. Quando brincávamos juntas ou nos sentávamos à mesa, eu olhava, mas não encontrava nenhuma semelhança entre seu braço e aquele outro.

Chegamos à nossa casa. Meu pai entrou. Eu fiquei sentada num banco do jardim. Nos canteiros havia narcisos e tulipas em flor. Um dia antes eu colhera alguns e agora ainda dava para ver o lugar onde os havia cortado. Lá dentro, meu pai contava sobre o furgão que tinha levado Bettie.

Agora não adiantaria nada estender o braço para fora do furgão. Se ela o fizesse, era só porque não havia mais espaço para um braço lá dentro, pois aqui fora não havia ninguém que pudesse lhe dar a mão.

As canecas

Todos nos diziam: "Vocês já deviam ter ido embora há muito tempo." Mas nós dávamos de ombros. Ficamos. Agora eu já podia sair para caminhar e tinha descoberto uma trilha atrás da nossa casa que dava para um bosque silencioso. De vez em quando, passava um trabalhador de alguma fazenda carregando jarras de leite. Ele olhava para a estrela no meu casaco e me cumprimentava timidamente, mas isso ele faria com qualquer um.

Um cachorro magrelo caminhava ao meu lado. Ouvi uma mulher chamando alguém ao longe.

Um dia, ao voltar para casa depois de uma dessas caminhadas, encontrei três cartas na caixa do correio. Três envelopes amarelos com os nossos nomes completos e datas de nascimento. Era a convocação.

— Temos que nos apresentar — disse Dave.

— Eu não estou com a menor vontade — replicou Lotte. Tudo ainda era tão novo na casa deles!

— Vamos ver um pouco do mundo, isso me parece bem interessante — retrucou Dave.

— Vai ser uma longa viagem — comentei. — Eu nunca fui além da Bélgica.

Compramos mochilas e forramos nossas roupas com peles e flanelas. Colocamos caixas de vitaminas onde fosse possível. Tinham nos dito para fazer isso. Na convocação também nos foi recomendado que levássemos canecas de acampamento. Dave ia comprá-las na cidade. Quando ele já estava quase no fim da rua, alcancei-o correndo.

— Eu vou com você. Não vai ser fácil encontrar.

— Você acha? Vamos ver.

Na primeira loja em que entramos só havia canecas de barro.

— Elas vão quebrar com facilidade na viagem — comentou Dave.

Na loja seguinte havia canecas adequadas, mas ele as achou pequenas.

— Não cabe quase nada dentro delas.

Por fim, achamos uma loja onde Dave encontrou o que queria. Eram vermelhas, dobráveis, grandes.

— O que a gente pode colocar dentro delas? — perguntou Dave a mim.

— Qualquer coisa, senhor — respondeu o vendedor. — Leite, café, vinho ou suco. Elas são de ótima qualidade, a pintura não descasca e não deixam nenhum sabor na bebida. Além disso, elas têm a garantia de não quebrar.

— Então vamos levar três. O senhor só tem vermelha?

— Sim, só vermelha, mas elas deixam qualquer acampamento mais alegre.

— Tudo bem — aceitou Dave.

Saímos da loja. Ele carregava as canecas embrulhadas num pacote bem-feito.

— É uma pena que a gente não possa entrar em lugar nenhum, senão podíamos tomar um café na cidade e experimentar as canecas — falou Dave.

— Elas têm que ser lavadas primeiro — retruquei.

No caminho para casa encontramos o senhor Zaagmeier.

— Compramos as canecas — avisou Dave. — Elas são bonitas, vermelhas e próprias para acampamento, uma para cada um.

— Vocês receberam a convocação? Ah, o meu filho também. Eu vou ver se consigo fazer alguma coisa.

— Por quê? — perguntou Dave. — Não há nada que se possa fazer.

— Venham comigo — disse o senhor Zaagmeier. — Venham. Eu conheço uma pessoa que talvez possa fazer algo por vocês.

— Nós já fizemos as mochilas — argumentei.

O senhor Zaagmeier nos levou ao seu conhecido.

— Eu vou ajudá-los — disse o tal conhecido —, mas vocês têm que fazer exatamente o que eu disser.

— Que pena! — exclamou Dave mais uma vez. — Já arrumamos tudo, já costuramos as vitaminas por dentro das roupas e acabamos de comprar as canecas.

— Se você for, não vai voltar nunca mais — avisou o amigo do senhor Zaagmeier. — Seja sensato.

— Mas eles vão nos pegar se nós não nos apresentarmos — protestei.

— Façam o que eu digo. Estejam aqui hoje às nove da noite.

Na volta para casa nenhum de nós proferiu uma palavra. Finalmente, Dave falou:

— Eu não entendo por que as pessoas querem nos apavorar. O que eles fariam com a gente?

— É — falei. — O quê?

— Poderíamos ver um pouco do mundo — comentou Dave, pensativo.

Lotte nos esperava no jardim.

— Puxa, como vocês demoraram! O médico esteve aqui e ele não quer que você vá, logo agora que se recuperou — disse-me ela. — Você tem que tomar cuidado. Ele deixou um atestado para você.

— Ah, nenhum de nós três vai mais — declarei.

— É — confirmou Dave. — Nós já tínhamos até comprado as canecas. Olhem só!

Ele abriu o embrulho e as colocou sobre a cerca do jardim.

— E o que a gente vai fazer com isso? — perguntou ele.

O selo

Não precisamos ir até a casa do conhecido do senhor Zaagmeier, porque Dave também conseguiu um atestado. Agora havia duas camas no quarto, e o meu irmão e eu andávamos de pijama o dia inteiro, de modo que, quando a campainha tocasse, podíamos pular direto para a cama. Lotte teve permissão para ficar cuidando de nós, mas os meus pais deveriam ir para Amsterdã, pois tinham mais de 50 anos.

Era um novo regulamento. Eles só poderiam levar uma mala de roupas e, antes de partir, a mala e o quarto deles tinham que ser selados.

— Você não esqueceu nada? — perguntou o meu pai.

— Não, nada — respondeu a minha mãe, andando de um lado para o outro como se estivesse procurando mais alguma coisa para levar. Na janela, meu pai olhava para fora.

— Eles ficaram de vir antes das três — comentou, consultando o relógio. — Já são três e cinco.

— Você acha que vão abrir a mala? — perguntou a minha mãe.

— Claro que não — respondeu papai —, eles não têm tempo para isso. Vão colocar um selo e só. Lá vêm eles.

Dois homens de casaco de couro preto abriram o portão do jardim e tocaram a campainha. Dave e eu já estávamos deitados na cama. Lotte foi abrir a porta. Eles entraram sem dizer uma palavra.

— A mala precisa ser aberta? — ouvi minha mãe perguntar.

— Foi para isso que viemos — respondeu um deles.

Eu tinha visto o cuidado com que a minha mãe havia arrumado a mala. Agora eles iriam revirar tudo, como se estivessem procurando algo no fundo dela. Lembrei-me de uma viagem que fizemos à Bélgica, pouco antes da guerra. Na volta, minha mãe parecia bastante preocupada, de cinco em cinco minutos ela perguntava ao meu pai se ele achava que as malas seriam abertas. No começo não entendi por que a minha mãe estava tão agitada. Só percebi na fronteira, quando revistaram a mala. Havia dois vidros grandes de água de colônia. Foi preciso pagar uma taxa de importação. Minha mãe poderia tê-los comprado pelo mesmo preço na Holanda.

Quando os homens partiram, fomos olhar os selos.

— É muito fácil soltá-los e colocar mais alguma coisa dentro da mala — eu disse. — Depois é só colar de novo. — Puxei uma pontinha com a unha. Descolava com facilidade.

— Deixe — interrompeu o meu pai —, não precisamos de mais nada. Afinal, não vamos ficar fora muito tempo.

O otimismo dele era inabalável, quase contagiante. Constantemente eu lhe perguntava o que achava da situação, porque sabia de antemão que a resposta iria me tranquilizar. Quando ficava amedrontada com o que contavam sobre a Polônia, ele sempre dizia: "Aqui as coisas não vão tão longe." Eu nunca soube se o meu pai realmente acreditava no que dizia ou se só queria nos dar coragem.

— Vejam bem — argumentava ele —, é claro que eles precisam de gente jovem para a indústria da guerra. Todos os homens estão no Exército. Os mais velhos têm que morar num gueto em Amsterdã. Vai ser uma *kehilah* bem grande.

— Vamos torcer para que não dure muito tempo — falou a minha mãe. Eu sabia que ela estava pensando em Bettie. "Eu estou bem", havia escrito ela num cartão que tínhamos recebido logo depois da sua detenção. Se não durasse muito tempo, ela ficaria bem. "Ela é forte e tem uma boa saúde", diziam todos. "Vai sair dessa."

Depois que os meus pais partiram, Lotte e eu ficamos no corredor olhando para o selo colocado na porta, que dava ao quarto um ar de mistério, como se lá dentro houvesse algo escondido que não deveríamos ver.

— Vamos simplesmente entrar — disse Lotte, e com a unha cortou o selo colado na fenda da porta.

Parecia que estávamos entrando num quarto estranho. Com cuidado, como se tivéssemos medo de sermos ouvidos, andamos em volta da mesa, tocamos brevemente numa cadeira, num armário.

— Eles anotaram tudo — sussurrou Lotte. — Não podemos tirar nada daqui.

Mudei um vaso de lugar.

— Parece até que não é mais nosso — falei baixinho. — Como é que pode?

— É porque eles colocaram as mãos em tudo — explicou Lotte.

Saímos do quarto, deixando o selo rasgado do jeito que estava.

A custódia

— Eu não entendo como você aguentou ficar firme tantos meses na cama — disse Dave.

Há semanas só andávamos de pijamas, e às vezes passávamos o dia inteiro na cama, pois havia rumores de que estavam revistando as casas.

— Ah, quando se é obrigada... — respondi.

— Sim, a gente se acostuma. É a mesma coisa que usar a estrela e não ter rádio.

— Embora eu deva dizer que no hospital pelo menos eu tinha a impressão de que era para o meu próprio bem.

— Ei, eu posso usar a sua raquete? — ouvi gritarem lá de fora. O portão do jardim estava aberto, mas a filha dos vizinhos esticava a cabeça por cima da cerca. Rindo, olhou para dentro.

— Pode, sim — respondi.

Ela subiu na cerca e pulou para o nosso jardim.

— Que bom! — disse ela, batendo a terra da sua saia florida.

— Não vou precisar, você pode até ficar com ela.

— Agora vocês não estão mais jogando tênis, não é?

— Não. Agora, não — respondeu Dave.

— Aliás — acrescentou ela, dirigindo-se a mim —, o médico não deixaria você jogar de qualquer forma, não é?

— É verdade. Venha até o meu quarto.

Subimos. Enquanto eu procurava a raquete num armário, ela espiava os meus livros.

— Que maravilha! — exclamou.

Eu me virei. Pensei que ela se referia a algum dos meus livros, mas estava com um gatinho de porcelana na mão.

— Pode levar, nós não vamos ficar aqui por muito tempo.

— Que bom! Seria uma pena abandonar todas essas coisas bonitas.

— É verdade — respondi. — Leve mais alguma coisa.

Ela andou pelo quarto, pegou um vaso, um potinho de madeira, uma velha caixinha de cobre e outras coisinhas pequenas.

— Ah! — gritou ela. — Aquela bolsinha!

Ela largou tudo o que estava segurando em cima de uma mesinha e pegou a bolsinha pendurada numa cadeira. Examinou-a por todos os ângulos, abriu-a e esvaziou seu conteúdo.

— Olha, eu vou tirar tudo de dentro. É uma bolsinha linda.

— É da minha irmã. Foi ela que fez — comentei.

— Ela sabia trabalhar tão bem assim com couro?

— Ela fez muitas coisas de couro.

— Eu vou guardá-la para você — disse ela.

— Está bem.

— Mas eu posso usá-la de vez em quando, não é?

— Pode, sim.

Com a raquete, a bolsa e os outros objetos nos braços, ela ficou parada, olhando em volta no quarto como se tivesse esquecido alguma coisa.

— Aquele azulejo...

Tirei-o da parede e o coloquei em cima das outras coisas.

— Vou abrir a porta para você — eu me ofereci.

— Eu devia ter trazido uma sacola — comentou, rindo.

— Você não tinha como adivinhar que teria que carregar tanta coisa. Você só veio buscar a raquete, não foi?

— Claro. Que bom que você me deixou usá--la! É uma boa raquete, não é? Eu achei que poderia pedir. Seria uma pena ela ficar guardada no armário enquanto vocês não estão jogando.

Desci a escada com ela e abri a porta da frente.

— Você consegue levar tudo? — perguntei.

— Consigo, sim.

Ela parou no capacho, meio indecisa.

— Será que você não poderia dar uma olhada lá fora para mim? — perguntou. — Hoje em dia é preciso ter cuidado... Se me vissem saindo da casa de vocês... Nunca se sabe... É melhor não correr riscos desnecessários.

Joguei meu casaco por cima do pijama e olhei para os dois lados da rua.

— Não estou vendo ninguém.

— Então, até logo — despediu-se a menina. Ela abriu o portão correndo e entrou no jardim da casa ao lado. Da bolsa balançando em seu braço, despontava o rabo do gatinho de porcelana dela.

Em casa

— Sabe o que eu vou fazer? — falei para Dave uma tarde. — Eu vou para Amsterdã.

— Que ideia! — exclamou Lotte. — Eu acho isso imprudente.

— Já estou cansada disso aqui. Estou com vontade de me vestir direito.

— É, eu entendo. — Dave suspirou. — Quem sabe não seria até melhor você ficar por lá. Nós também deveríamos ir.

— Mas como você vai fazer isso? — questionou Lotte.

— Eu tiro a estrela do meu casaco e entro num trem. Muito simples.

— Se o controle não for rigoroso... — contestou Dave.

— Eu vou ser cuidadosa. De qualquer forma, eu vou.

Eu queria ver os meus pais. Eles escreveram dizendo que estavam bem. Moravam num quarto na rua Sarphati, numa casa grande com jardim. "Já encontramos vários conhecidos", escrevera o meu pai. "Moramos todos no mesmo bairro." Embora sua carta desse a entender que eles não se sentiam sós, percebi que gostariam de ter um filho por perto, principalmente agora que estavam cada vez mais preocupados com Bettie, de quem não recebiam notícias havia muito tempo.

Eu partiria assim que anoitecesse. Estava empolgada, como uma criança viajando pela primeira vez. Não tanto porque estaria com os meus pais dentro de algumas horas, mas porque durante o trajeto iria agir como se tudo estivesse normal. Entretanto, no caminho, pensei que fosse encontrar um policial verificando os documentos a cada esquina. Na entrada mal iluminada da estação, tive a impressão de que todos olhavam para mim com curiosidade. No trem, eu me sentei meio escondida num canto, ao lado de uma mulher que embalava uma criança. Do outro lado do vagão, um homem fumava um cachimbo e olhava pela janela. Não havia nada para ser visto. O trem entrou numa passagem escura e eu esqueci o meu medo. Comecei a achar a viagem agradável. Não pude deixar de cantarolar, acompanhando o ritmo monótono das rodas. Lembrei-me de quando Bettie e eu éramos pequenas e íamos passar as férias em Amsterdã. Costumávamos apostar quem conseguia inventar os refrões que melhor rimassem com o ritmo do trem: "de-Ams-ter-dã-para-Rot-ter--dã-de-Rot-ter-dã-para-Leid-schen-dam", repetido por quilômetros e quilômetros.

Amsterdã estava escura e molhada. Ainda havia bastante gente na rua. As pessoas se moviam como sombras na larga calçada da rua Damrak. Ninguém me olhava. Ninguém me seguia. Tive dificuldade em encontrar a casa na rua Sarphati. Debaixo das árvores a escuridão era quase total. Subi as escadas dos pórticos tentando decifrar os números. Enfim a encontrei. Ficava quase no fim da rua. Já com o dedo na campainha, pensei que não podia simplesmente tocá-la assim, sem mais nem menos. Eu iria alarmar todo mundo. Assobiei durante algum tempo, mas ninguém pareceu ouvir. Só me restava tocar a campainha, o que fiz muito de leve, três vezes seguidas. Assim que ouvi barulho de gente no corredor, gritei o meu nome.

— É você? — perguntou o meu pai, admirado, deixando-me entrar pela porta entreaberta.

— Eu vim dar uma olhada — falei alegremente.

— Minha filha! — exclamou a minha mãe. — Como você teve coragem?

— Não foi nada de mais.

Assim que os outros moradores da casa souberam que não havia nada grave acontecendo, eles vieram me ver.

— Você entrou no trem sem dificuldade? — perguntou alguém.

— Ninguém pediu os seus documentos de identificação?

— Você teve coragem de comprar as passagens na bilheteria?

Eles examinaram no meu casaco o lugar onde a estrela tinha sido costurada como se fosse algo extraordinário.

— Ainda dá para ver uns fiozinhos amarelos — comentou alguém.

— Agora você tem que pregá-la de novo — avisou a minha mãe.

— O trem estava cheio? — perguntou o meu pai.

Eles faziam perguntas como se eu tivesse feito uma longa viagem, como se eu tivesse vindo de outro país.

— Você deve estar com fome — disse a minha mãe. Ela saiu da sala e voltou com alguns sanduíches.

Eu não estava com fome, mas, para não desapontá-la, comi um.

Todos ficaram em volta da mesa olhando para mim com uma expressão tão feliz que fiz um esforço e esvaziei o prato.

No porão

A casa da rua Sarphati tinha algo de sombrio. Os aposentos tinham pé-direito alto, papel de parede escuro, móveis pesados e sólidos.

Uma semana depois de os meus pais se mudarem para lá, a família proprietária da casa desapareceu de repente. Naquela manhã, meus pais, sentados à mesa do café da manhã, esperavam inutilmente. Primeiro pensaram que eles estivessem dormindo até mais tarde, mas, como ninguém apareceu, tiveram que admitir que a família tinha achado mais prudente abandonar a cidade agitada. Meus pais entraram num acordo com a família que recentemente tinha passado a morar no andar de cima e ocuparam todo o andar térreo. Quando cheguei, minha mãe já estava totalmente instalada e tinha arrumado os aposentos ao seu gosto, de modo que pude me sentir um pouco no mesmo ambiente da nossa casa em Breda. Mesmo assim, com seus corredores estreitos, suas escadas escuras e suas portas pintadas de marrom, era uma típica casa de Amsterdã.

Uma escada íngreme, em espiral, dava para um porão entulhado de móveis, abajures, rolos de seda e caixas cheias de contas e fitas.

Depois de descobrir isso, passei a ficar horas por lá bisbilhotando, entre os tecidos mofados, as tiras com debruns de fios dourados e as carcaças frias dos abajures. Quando criança, muitas vezes eu ia ao sótão remexer num baú com roupas de carnaval. Experimentava tudo e passava o dia inteiro fantasiada. Agora, no porão, eu fazia o mesmo, passeando com colares de contas pelo aposento abafado.

Certa manhã, meu pai desceu. Usava um casaco e trazia o meu no braço.

— Vista isso, rápido — mandou ele. Minha mãe descia atrás dele.

Rapidamente, tirei o colar. Meu pai apagou a luz. Na penumbra, nos sentamos em frente a uma janela com grade que dava para a rua. De lá só conseguíamos ver os pés dos passantes. Nos primeiros minutos não passou ninguém. Mas logo depois apareceram botas grandes e pretas que rangiam ao caminhar. Elas vinham da casa à direita, passavam bem em frente à nossa janela e se dirigiam à calçada onde havia um carro parado. Vimos também sapatos comuns andando junto das botas. Sapatos marrons, masculinos, um par de sapatos finos de mulher, já bastante usados, e tênis. Dois pares de botas pretas caminhavam devagar para o carro, como se carregassem peso.

— Mora muita gente aqui do lado — sussurrou o meu pai. — É um asilo para idosos e tem muitos doentes lá.

Um par de botas bege infantis parou diante da nossa janela. Os bicos das botinhas estavam um pouco virados para dentro, e o cadarço de uma era mais escuro que o da outra.

— É a Liesje — disse a minha mãe baixinho. — Ela está crescendo depressa e essas botinhas já estão pequenas.

A menina levantou um pé e, como se brincasse de amarelinha, pulou para a frente e para trás.

Então as botas pretas se aproximaram. Ouvimos a porta da casa à direita bater com um estrondo. As botas não se mexeram. Estavam bem engraxadas, tinham saltos quadrados e ficaram paradas bem na nossa frente. Olhávamos pela janela como se estivéssemos diante de uma vitrine na qual houvesse algo muito especial em exposição. Minha mãe inclinou a cabeça, pois uma barra horizontal tapava sua visão. Meu pai, imóvel, olhava para a frente.

As botas começaram a caminhar, primeiro a esquerda, depois a direita, esquerda, direita, afastando-se para o lado esquerdo da janela.

Ouvimos a campainha tocar na casa à esquerda. Ficamos ali sentados até não vermos mais botas. Depois, subimos e penduramos nossos casacos no mancebo.

Shabat

Olhei, através da treliça, por baixo do livro em que a minha mãe apontava com o dedo as linhas da oração, e vi meu pai, de pé, usando seu *talit*. Não pude deixar de pensar na sinagoga de Breda, que não era tão grande nem tão bonita quanto essa, mas lá meu pai tinha um banco à parte, mais espaçoso. Parecia uma carruagem sem rodas. Para sair dele, primeiro era preciso abrir uma portinha oval e depois descer alguns degraus. A porta rangia, e eu olhava para baixo. Meu pai se dirigia à *bimá*. Eu seguia seu chapéu lustroso e seu *talit* largo, que ondulava quando ele caminhava. Meu pai subia os degraus da *bimá*, onde se lia um texto da Torá e para onde ele era chamado para recitar as *mitzvot*. De repente, no meio dos textos recitados em hebraico, eu ouvia os nossos nomes. Eles ficavam bonitos e mais longos em hebraico pois o nome do meu pai era incluído. Minha mãe também olhava para baixo através da treliça e sorria para o meu pai. As mulheres da galeria inclinavam a cabeça para ela, mostrando que também tinham ouvido, e esperavam para ver se seus maridos também seriam chamados para que recitassem as *mitzvot*. Então, era a vez de a minha mãe saudá-las. Era um costume da *kehilá* de Breda.

Aqui meu pai se sentava atrás, junto dos outros homens. Usava um chapéu comum e ficou no mesmo lugar até o fim. Foi um longo serviço. Rezaram orações especiais para os judeus que estavam nos campos. Algumas mulheres choravam. Na minha frente, uma mulher escondida atrás do seu livro assoava o nariz repetidas vezes. Sua *sheitel* castanho-avermelhada colocada sob o chapéu estava um pouco caída para trás. Minha mãe havia colocado o *sidur* no banco. Ela olhava fixamente para a frente.

— Está fazendo muito frio na Polônia agora — disse, baixinho.

— Mas ela levou roupas de inverno, não foi? A mochila estava pronta.

Minha mãe fez um sinal afirmativo. O *chazan* começou uma oração e todos se levantaram. Lá embaixo, alguém havia tirado da arca santa o rolo da Lei. O rolo era coberto por um tecido de veludo roxo e tinha sininhos pendurados numa coroa de prata. Circularam-no pela sinagoga.

Os sininhos tilintavam. Os homens beijavam a ponta do veludo quando o rolo passava. Algum tempo depois começou o cântico final. Era uma melodia alegre e todas as vezes a entonação animada me surpreendia. Sempre cantando, os homens dobravam as vestes religiosas. As mulheres vestiam os casacos. Meu pai guardava o *talit* cuidadosamente, na bolsinha especial.

Na frente da sinagoga, esperando à saída, todos se cumprimentavam trocando apertos de mão e desejando uns aos outros um bom *shabat*. Meu pai já estava lá fora quando saímos. Eu me lembrei de como, quando era pequena, achava desagradável ir para casa depois da sinagoga, junto com os outros. Sempre tinha medo de encontrar crianças da minha escola.

A maioria das pessoas se dispersou rapidamente pela praça. Algumas tomaram a direção da rua Weesper, outras da praça Waterloo. Um conhecido do meu pai perguntou se queríamos seguir com ele até a rua Nieuwe Amstel.

— Eu mandei a minha mulher e os meus filhos para o interior — disse-nos. — Por enquanto, lá eles estão melhor que aqui.

— Por que o senhor não foi com eles?

— Ah, a ideia não me agrada. Eu me ajeito bem por aqui.

— O senhor está sozinho em casa?

— Não, eu estou na casa da minha irmã. Por enquanto, ela não pretende fazer nada.

— Na verdade, o que se pode fazer? — comentou o meu pai.

— Bem — respondeu nosso conhecido —, pode-se sair porta afora e desaparecer, mas do que é que se vai viver?

— Exatamente — concordou o meu pai —, é preciso viver. Temos que viver de alguma coisa.

Estávamos na esquina, perto do rio Amstel. Um vento gelado cortava o nosso rosto. O conhecido do meu pai estendeu a mão.

— Eu tenho que seguir por ali para ir para a casa da minha irmã.

Ele atravessou a ponte em direção à rua Amstel. Uma figura pequena, arqueada, escondida atrás da gola do casaco, de chapéu na mão. Caminhamos ao longo do Amstel, cruzando a ponte de Nieuwe Herengracht, e no fim do canal passamos por baixo do cartaz amarelo. Um cartaz com letras pequenas: JUDENVIERTEL, o bairro judaico. Crianças de cachecol de lã, debruçadas sobre o parapeito da ponte, jogavam migalhas de

pão no canal, que as gaivotas agilmente aboca-
nhavam ainda no ar. Do outro lado, passava um
furgão da polícia. Uma mulher abriu as janelas e
gritou alguma coisa. As crianças deixaram cair
o resto do pão e correram para dentro.

— Vamos para casa pelo caminho mais curto
— disse a minha mãe. Fomos pela rua do canal.

— Logo vamos estar em casa — observou o
meu pai.

— Dizem que cada vez tem mais gente entrando na clandestinidade.

— É — confirmou o meu pai. — Vamos tratar
de encontrar um lugar para você.

— Não, sozinha eu não vou — retruquei.

— Se morássemos em Breda, seria mais fácil — comentou a minha mãe. — Lá a gente
encontraria um lugar com facilidade. Aqui não
conhecemos ninguém.

— Quem sabe, lá até poderíamos ficar na casa
de algum vizinho — comentei.

— Ah, em qualquer lugar, tínhamos amigos
por toda parte — acrescentou a minha mãe.

— Aqui custa muito dinheiro. Onde é que eu
vou arranjar isso? — replicou o meu pai.

— Se conhecêssemos mais gente... — murmurou a minha mãe.

— Vamos esperar — concluiu o meu pai. — Talvez não seja necessário. E, se não for, para que ficar na casa de estranhos, importunando-os?

Estávamos de novo em casa. Meu pai colocou a chave na fechadura. Instintivamente, examinei a rua antes de entrar. A lareira estava acesa na sala, a mesa posta. Minha mãe tinha arrumado tudo antes de sairmos. Meu pai foi lavar as mãos. Depois veio se juntar a nós e, de pé, levantou o paninho bordado que cobria a *chalá*, o pão do *shabat*, cortou a ponta, e, com uma prece, dividiu-o em três pedaços, que passou pelo sal. Eu murmurei minha *berachá* e comi o pão salgado.

— É isso mesmo — disse o meu pai, sentando-se.

A menina

Uma sexta-feira de tarde, minha mãe pediu que eu fizesse algumas compras.

— Vá à rua Weesper. Lá você tem tudo perto.

A tia Kaatje vinha jantar. Meu pai iria buscá-la no asilo onde ela morava, pois não podia sair sozinha. Estava com 80 e poucos anos e era irmã gêmea do meu avô que falecera há alguns anos. Ela adorava quando o meu pai ia buscá-la para jantar conosco. Então podia falar mais uma vez sobre antigamente, sobre a época em que o marido era vivo. No período da virada do século ela havia viajado muito para outros países e ainda se lembrava de tudo muito bem. Como não tinha filhos, depois da morte do marido foi morar numa casa para pessoas idosas. O que mais lhe doía era não poder viajar. "É bem possível que eu ainda faça uma viagenzinha", disse certa vez quando estava conosco. "Mas deixem a guerra acabar primeiro."

— A tia Kaatje gosta tanto de bolo amanteigado, não esqueça de trazer — recomendou a minha mãe.

Prometi me lembrar de tudo. Estava colocando o casaco quando ela apareceu de novo no corredor.

— Não demore a voltar para casa que tem escurecido cedo.

Ela falou como quando eu brincava lá fora antes do jantar. Mas o motivo era outro.

Eu mal tinha fechado a porta quando um homem gordo veio na minha direção. Parecia até que estava me esperando, sabendo que eu iria para a rua naquele momento. Ele parou bem na minha frente, me impedindo de continuar andando.

— Qual é o seu nome? — perguntou.

Eu respondi. Ele tinha papada, e seus olhos com olheiras profundas lacrimejavam. Nas bochechas havia veiazinhas vermelhas.

— Ah, é? Você acha que eu vou acreditar nisso?

— Esse é o meu nome — retruquei.

— Vocês todos vêm com essa conversa fiada. Aonde você vai?

— Fazer compras. — E tentei continuar caminhando.

— Ei — interrompeu ele. — Fique aí.

Olhei ao redor para as pessoas que passavam, mas ninguém prestava atenção em nós.

Era como se estivéssemos tendo uma conversa normal.

— Qual é o seu nome? — perguntou outra vez.

Repeti o meu nome. Ele ergueu o lábio superior. Tinha dentes escuros, os da frente eram tortos, bem separados.

— Idade?

Disse-lhe quantos anos eu tinha.

— Certo, isso bate. — Ele estendeu a mão. — Seu documento de identidade.

Fiquei admirada que só agora o pedisse. Tirei o documento da bolsa. Ele o pegou da minha mão e o examinou minuciosamente.

— Hum, eu estou procurando outra pessoa! — E disse um nome que eu nunca tinha ouvido. — Você a conhece? Ela deve morar por aqui.

— Não, eu não conheço.

— Tem certeza? — insistiu. Ele se aproximou de mim. Na gola do seu casaco havia manchas de cinzas. A gravata dele estava torta.

— Eu não conheço — repeti, dando um passo para trás.

— Muito bem — resmungou, e devolveu os meus documentos. — Pode ir embora.

Segui em frente. Só na praça Weesper ousei olhar para trás. Ele ainda estava no mesmo lugar.

Perguntei-me quem seria a menina. Quem sabe eu a conhecia de vista. Talvez eu tivesse cruzado com ela por acaso na rua Sarphati.

A rua Weesper estava bastante movimentada. As lojas estavam cheias de mulheres com sacolas de compras procurando ter tudo em casa para o *shabat*. Vendedoras e gerentes de aventais brancos, a estrela amarela no bolso, de lápis em punho, se mexiam atarefados atrás do balcão. Uma mulher gorda com uma sacola cheia fez um gracejo e todos riram. Dois menininhos examinavam atentamente a vitrine de uma confeitaria. Eles vestiam paletós azul-escuros, e as estrelas estavam fora do lugar, muito perto do bolso, o que fazia parecer que tinham moinhos de vento no bolso. Fiz as compras rapidamente e voltei para casa depressa. Caminhei pela Achtergracht, uma rua mais tranquila. No hospital da esquina entrava uma senhora idosa apoiada em dois homens. Ela tapava a boca com um lenço branco.

A tia Kaatje já devia ter chegado e ficaria satisfeita em saber que eu tinha conseguido comprar o bolo amanteigado da rua Weesper. "Em nenhum outro lugar do mundo existe um igual", afirmava sempre. Nós acreditávamos, pois ela sabia o que dizia.

Quando dobrei a esquina da rua Roeter vi que o homem tinha ido embora. Queria perguntar para a minha mãe se ela conhecia a tal menina, mas ela veio ao meu encontro com uma expressão consternada.

— A tia Kaatje foi embora. Levaram todos.

— Toda aquela gente idosa? — perguntei.

Minha mãe fez que sim com a cabeça. Entreguei-lhe a sacola com as compras. Ela queria tanto viajar mais uma vez, pensei enquanto entrava na sala. Meu pai contou o que os vizinhos do asilo tinham lhe dito.

Apenas horas mais tarde me lembrei da menina que tinha exatamente a minha idade e que eu não conhecia.

A rua Lepel

Quando eu estava entrando na rua Lepel, vi lá no fundo um furgão da polícia chegar. Homens de capacete e farda verde, sentados rigidamente nos bancos. O veículo parou, os homens saltaram. Eu me virei e quis voltar, mas atrás de mim, do sentido oposto, vinha outro furgão. Homens idênticos sentados, imóveis e aprumados, as armas junto aos pés, como soldados de chumbo de um carrinho de brinquedo. Eles pularam para fora e correram para as casas, empurrando as portas. A maioria estava entreaberta, de modo que eles entraram com facilidade. Um soldado veio até mim e disse que eu devia entrar no furgão. Ainda não havia ninguém lá dentro.

— Eu não moro aqui — disse.

— Não importa. Entre, de qualquer maneira — retrucou o homem fardado.

Não me mexi.

— Não — repeti com firmeza —, eu não moro na rua Lepel. Pergunte ao seu comandante se as pessoas que moram em outra rua também têm que ir.

Ele deu meia-volta e foi até o oficial que supervisionava o trabalho, a alguns metros do furgão. Por uns minutos trocaram algumas palavras enquanto o soldado apontava várias vezes para mim. Fiquei no mesmo lugar e vi sair da casa ao lado um menino com uma mochila na mão e um pedaço de pão com melado na outra. Do queixo escorria um fio marrom. De uma porta, ouvi passos pesados numa escada. O soldado voltou e pediu meu documento de identidade. Ele foi de novo até o oficial, que o examinou, devolvendo-o em seguida. Murmurou algo quase sem mexer os lábios. Com os documentos de identidade na mão que segurava o fuzil, o soldado veio até mim. Agora caminhava mais devagar do que da primeira vez. Pisou num pedaço de papel que o vento arrastava sobre a calçada. O capacete estava logo acima dos olhos, o que fazia sua testa parecer de aço verde. O menino da porta ao lado tinha acabado de comer o pão e colocava a mochila nas costas.

O soldado me entregou o documento e disse que eu podia ir embora. Passei em frente ao furgão. Agora havia algumas mulheres nos bancos. Uma velhinha entrava com dificuldade. Carregava um cobertor marrom. Um homem atrás dela a empurrou para dentro. Em algum lugar, davam batidas fortes numa porta. Uma janela se fechou com um estrondo.

Na rua Roeter comecei a correr. Continuei correndo até estar em casa.

— Você voltou rápido! — comentou a minha mãe. — Não foi até o açougue?

— Não, não deu.

— Estava fechado?

— A rua Lepel estava interditada.

Na manhã seguinte, fui à rua Lepel. Ela estava cheia de papéis. Por todo lado, havia portas escancaradas. Um gato cinzento estava sentado num pórtico escuro. Quando parei, ele correu para cima e ficou me encarando com o dorso arqueado. Havia uma luva infantil jogada num degrau. Numa casa adiante, uma porta balançava nas dobradiças. O painel de madeira estava rachado, a caixa de correio, torta, presa por um só prego. Ainda havia papéis dentro dela. Não consegui ver se eram folhetos ou cartas. Das diversas janelas, cortinas esvoaçavam para fora. Em outra casa, um vaso de flores estava caído no canto de uma janela. Através de outra janela, uma mesa posta. Num prato, um pedaço de pão, uma faca enfiada na manteiga. O açougue, onde na véspera eu deveria ter comprado carne, estava vazio. Havia ripas pregadas na porta para que ninguém pudesse entrar. Devem ter sido colocadas de manhã bem cedo. Do lado de fora, dava a impressão de estar bem arrumado, como se o açougueiro tivesse limpado tudo antes de partir. A portinhola do homem das conservas estava fechada. Ainda era possível sentir o cheiro de vinagre dos barris de picles. O chão estava molhado e a água escorria pela calçada até a sarjeta. Algum barril devia ter caído. De repente começou a ventar. Os papéis se espalharam pelo asfalto, voando de encontro às casas. Perto de mim uma porta se fechou. Ninguém veio até a rua. Uma janela rangeu. Ninguém veio fechá-la. Uma portinhola bateu. Ainda não era noite.

Antes de dobrar a esquina, vi algo pregado numa porta. O olho vermelho esmaltado do serviço de vigilância noturna.

A porta estava aberta.

Os homens

Na noite em que os homens vieram, eu fugi pelo portão do jardim. Tinha sido um dia ameno de primavera. Nós tínhamos passado a tarde no jardim, sentados em espreguiçadeiras, e à noite reparei que meu rosto estava queimado.

Minha mãe tinha passado a semana doente, e de tarde, sentindo-se melhor, foi tomar sol.

— Amanhã começo a fazer uma jaqueta de verão para você — prometeu.

Meu pai, com um livro fechado no colo, fumava seu charuto em silêncio. Eu tinha encontrado no galpão uma raquete e uma bola de tênis e fui praticar jogando contra o muro. Toda hora a bola caía lá fora, eu abria o portão e ia procurá-la na rua. Uma vez, ela caiu do outro lado da cerca. Entre nosso jardim e o do vizinho havia uma vala estreita com cercas dos dois lados. Uma pessoa poderia ficar ali sem ser vista. Enquanto eu procurava a bola, meu pai veio dar uma olhada.

— Isso daria um bom esconderijo — comentou ele.

Meu pai pulou a cerca e nós nos agachamos atrás de uma árvore que não era nossa nem do vizinho. Nossos pés afundavam na terra, que cheirava a folhas podres. Ficamos escondidos na semiobscuridade. Meu pai assobiou de leve.

— Ei! — gritou em seguida.

— Onde vocês estão? — perguntou a minha mãe. Ela parecia ter cochilado.

— Você não está vendo a gente?

— Não — gritou ela. — Onde vocês estão?

— Aqui do outro lado da cerca, olhe bem.

Por uma fresta vimos a minha mãe se aproximar.

— Ainda não estou conseguindo ver ninguém.

— Ótimo! — exclamou o meu pai. Pondo-se de pé, pulou a cerca com agilidade. — Fique aí um instante — disse para mim e sugeriu à minha mãe que também pulasse.

— Mas para quê? — questionou ela.

— Vamos, tente logo de uma vez.

Minha mãe teve que repetir várias vezes até meu pai achar que ela executava o movimento com facilidade. Depois, ele veio se juntar a nós e ficamos os três agachados na vala.

— Aqui ninguém vai nos procurar — afirmou ele. — Vamos ficar mais um pouco para ver quanto tempo aguentamos nessa posição.

Mas eu já tinha achado a minha bola no meio das folhas.

— Vou praticar o meu *backhand* — gritei, e pulei para o jardim.

Meus pais continuaram sentados.

— Você consegue nos ver?

— Não — gritei —, não estou vendo nada. — Em seguida, eles apareceram de novo. Minha mãe estava sacudindo as roupas.

— Eu fiquei toda suja.

— Amanhã eu vou cavar um buraco e varrer as folhas para podermos nos sentar melhor — avisou o meu pai.

Depois do jantar naquela noite, fui até a janela ver a rua. Não havia ninguém. O silêncio era tão grande que dava para ouvir os pássaros piando.

— Saia da janela — mandou a minha mãe.

— Não tem nada para ver — retruquei. Mesmo assim, voltei e fui me sentar. Minha mãe serviu o chá. Ela se movimentava com leveza entre nós e a mesa de chá.

— Talvez fosse melhor não tomarmos chá — disse o meu pai. — Assim, se por acaso eles vierem, podemos ir rapidamente para o jardim.

— É tão sem graça não ter o chá! — comentou a minha mãe.

Aos poucos foi escurecendo. Enquanto o meu pai fechava as cortinas, os primeiros furgões ressoaram na rua. Ele ficou imóvel, segurando a cortina, olhando para nós.

— Lá vão eles — disse.

— É, eles estão seguindo direto — confirmou a minha mãe.

Ficamos escutando os barulhos que vinham de fora. Os roncos dos motores se afastavam. Durante algum tempo, tudo ficou tranquilo. Depois, ouvimos novamente os furgões passarem pela rua. Dessa vez levou mais tempo até voltar a sossegar. Mas então se fez um silêncio que nenhum de nós ousava romper. Vi minha mãe olhar para sua xícara meio cheia e sabia que ela queria terminar o chá. Mas ela não se mexeu.

Um pouco mais tarde meu pai disse:

— Vamos esperar mais dez minutos para acender a luz.

Porém, antes dos dez minutos se passarem, tocaram a campainha. Era pouco antes das nove. Ficamos sentados nos olhando admirados. Como se estivéssemos nos perguntando: "Quem será?" Como se não soubéssemos! Como se pensássemos: "Pode muito bem ser um conhecido vindo nos visitar." Afinal, ainda era cedo e o chá estava pronto.

Eles deviam ter uma chave mestra.

Antes que pudéssemos nos mexer, já estavam na sala. Eram homens altos e usavam capas de chuva claras.

— Vá buscar os nossos casacos — disse o meu pai para mim.

Minha mãe tomou o resto do chá.

De casaco, fiquei parada no corredor. Ouvi o meu pai dizer alguma coisa. Um dos homens respondeu. Não entendi o que falavam. Encostei minha orelha na porta da sala. Ouvi outra vez a voz do meu pai e de novo não entendi nada. Então, dei meia-volta e atravessei a cozinha, indo para o jardim. Estava escuro. Tropecei em alguma coisa redonda. Devia ser uma bola.

Levemente, fechei o portãozinho do jardim atrás de mim e corri para a rua. Continuei correndo até chegar à praça Frederik. Não vi ninguém. Só um cachorro, farejando as casas. Atravessei a praça. Era como se eu estivesse sozinha numa cidade abandonada.

A erva amarga

Passei os primeiros dias me recriminando por ter abandonado os meus pais. Achava que teria sido melhor se eu tivesse ficado com eles. Sem refletir, eu saíra correndo pelo portão do jardim e só quando cheguei à rua Weteringschans, em frente à casa onde meu irmão uns dias antes havia se escondido, é que pensei em voltar. Mas naquele momento o relógio da torre deu a hora marcada para o toque de recolher. Não se podia mais circular pelas ruas. Toquei a campainha.

— Você fez a coisa certa — disse Dave. — Não havia nada que pudesse fazer.

— Mas eles vão querer saber o que aconteceu comigo. Devem estar preocupados.

— Eles vão compreender e ficar contentes por você ter escapado.

— Se eu ficar esperando na frente do Teatro Holandês até eles saírem, talvez me vejam — sugeri, pois era para lá, em Amsterdã, que os judeus eram reunidos antes de serem deportados. Mas Dave me proibiu, pois achava muito arriscado.

Soubemos por vizinhos da rua Sarphati que, desde que eu fugira, havia sempre alguém vigiando a casa. Agora que tinham meus documentos de identidade, também tinham meus dados, e, como todas as minhas roupas ainda estavam lá, pensavam que eu iria voltar para buscá-las. Mas, antes de voltar a sair para a rua, sofri uma metamorfose. Lotte descoloriu o meu cabelo. Eu estava sentada diante do espelho, enrolada num lençol, enquanto ela, com uma escova de dentes, passava a mistura de água oxigenada e amônia no meu cabelo. Meus olhos e meu couro cabeludo ardiam, eu piscava o tempo todo, como uma criança se esforçando para conter as lágrimas. Pelo espelho tentava acompanhar o processo de clareamento. Mas só via a espuma branca da água oxigenada que borbulhava e queimava. Depois de lavar e secar a cabeça, vi que tinha ficado ruiva. Porém, Lotte assegurou que com o uso constante eu ficaria loira. Depilei as sobrancelhas até ficar com uns riscos muito finos, quase invisíveis. Nada mais restava do meu tipo moreno. Com meus olhos azuis, fiquei melhor de cabelo claro do que Lotte, que tinha olhos castanho-escuros, quase pretos, e longos cílios negros. O cabelo loiro lhe dava uma aparência pouco natural.

No início, achávamos que nada mais poderia acontecer conosco. Tínhamos outros documentos de identidade e era como se fôssemos pessoas "comuns". Mas na rua nem sempre nos sentíamos seguros. Quando víamos um policial, esperávamos que ele viesse direto até nós, e era como se cada transeunte nos observasse e soubesse quem éramos. Por fim, a senhora K percebeu. Ela era a dona do quarto que Dave tinha alugado sob um nome falso.

— Vocês gostam tanto assim de cabelo claro? — perguntou, quando me viu mudada da noite para o dia.

— Muito — respondi —, temos um produto ótimo e inofensivo.

Talvez ela não fosse mais prestar atenção ao assunto se Dave não tivesse começado a descolorir o cabelo também. Ele despejou todo o conteúdo do vidro na cabeça. Não foi muito prudente da sua parte, pois para um homem é difícil manter a cor e dentro de poucas semanas ele chamaria a atenção, com uma aparência muito estranha.

— O senhor também? — comentou a senhora K, simulando uma expressão amigável.

— Por descuido, o meu marido usou a minha água oxigenada em vez da loção — esclareceu Lotte.

A senhora K deu uma risada.

— Foi o que pensei.

À noite, ela nos convidou para tomar chá na sala. A senhora K iria receber uma visita e gostaria que também fôssemos. Mais tarde, descobrimos que a visita em questão, um homem rechonchudo de olhos argutos, deveria dar sua impressão sobre nós, confirmando assim suas suspeitas.

— É melhor vocês partirem amanhã cedo — disse ela, pondo a cabeça na porta quando já estávamos de volta ao quarto. No corredor, o homem vestiu o casaco e desceu a escada assobiando.

— Eu sei de um endereço em Utrecht. Vamos poder ficar lá com certeza — declarou Dave.

— Assim esperamos — replicou Lotte. — Caso contrário, aonde mais poderíamos ir?

— Ainda existem muitas portas abertas para nós — afirmou Dave.

Naquela noite, deitada na cama sem conseguir dormir, eu pensava nas portas. Pensava na porta que, na noite do Sêder, eu sempre deixava aberta para que algum estranho que chegasse cansado pudesse ver que era bem-vindo e que podia se sentar à mesa. Todos os anos eu esperava que alguém entrasse, mas isso nunca aconteceu. E pensei nas perguntas que eu, como a mais jovem, deveria formular: *"Má nishtaná, haláyla, hazê..."* "Por que esta noite é diferente de todas as noites? Nas outras noites nós não comemos pão ázimo e ervas amargas..."

Então, meu pai narrava a história do êxodo do Egito e nós comíamos o pão ázimo e a erva amarga para que continuássemos a prová-la — até o fim dos tempos.

A separação

Ficamos de nos encontrar num vagão da segunda classe do trem para Utrecht. Fomos os três juntos para a estação, mas compramos passagens em bilheterias diferentes e cada um passou sozinho pelo controle.

Antes disso, tínhamos perambulado pela avenida Damrak, e Lotte sugerira que fôssemos ao cinema. Fazia muito tempo que não víamos um filme. Na sala escura nos sentimos novamente à vontade. Lá não havia controle. Lá não se notavam as diferenças na aparência. Um homem alto se sentou na minha frente tapando com as costas toda a tela, mas eu não me importava. Notei que os outros também não prestavam muita atenção ao filme. Naturalmente era um filme alemão, cuja história escapava a nós três.

Quando saímos, já estava na hora de pegar o trem. Perto da estação, Dave disse:

— É melhor nos separarmos agora. Nós nos encontramos no vagão.

— Isso não é muito complicado? — questionei. — Não é bem mais fácil comprar as três passagens juntas?

— Não — replicou Dave —, é melhor assim.

— Mas não é melhor irmos juntos para a entrada da estação? — insisti. — Se acontecer alguma coisa, pelo menos estamos juntos.

— Não vai acontecer nada — afirmou o meu irmão.

Fizemos como ele mandou. Escolhi uma bilheteria sem fila, passei pelo controle e procurei o trem para Utrecht.

Ainda faltavam sete minutos. Não havia mais lugar perto das janelas voltadas para a plataforma, portanto eu não tinha como vê-los chegar. Pensei que entrariam logo depois de mim. Eu não tinha visto nenhum controle especial. Mas eles não vinham.

— Esse é o trem para Utrecht, não é? — perguntei à mulher na minha frente. Talvez eu não tivesse olhado bem e me enganado de trem. Mas a mulher confirmou que ia para lá.

— Utrecht é uma boa cidade, não acha? — acrescentou ela.

Fiz que sim.

— É claro que não se compara a Amsterdã — continuou —, mas mesmo assim eu gosto de lá. Tem um quê de acolhedor e íntimo que falta a Amsterdã.

— É, com certeza — falei. Ainda vi alguns viajantes embarcarem. Meu irmão e sua esposa não estavam entre eles.

— E, além disso — a mulher à minha frente prosseguiu —, a minha família inteira mora lá, e isso faz diferença. Você também tem parentes em Utrecht?

— Não.

— Ah, então com certeza tem conhecidos.

— Sim, eu tenho conhecidos bem antigos, que antes moravam em Amsterdã.

Um minuto antes da partida, meu irmão entrou no vagão. Não se sentou e não me olhou. Ele colocou sua pasta ao meu lado e, antes que eu pudesse lhe perguntar qualquer coisa, saltou. Imediatamente, como se ele tivesse dado um sinal de partida, o trem se pôs em movimento.

— Essa pasta é sua? — perguntou a mulher.

— É, eu tinha me esquecido dela.

— Gesto simpático do rapaz, ter vindo trazê-la.

Tínhamos deixado para trás as casas na zona leste da cidade, e agora o trem marchava em grande velocidade.

— É muito pertinho, vamos chegar logo — comentou a mulher.

Mas para mim custou a passar. Com a pasta do meu irmão no colo, eu olhava fixamente para fora. Quando nos aproximamos de Utrecht, eu me levantei e fui para o corredor.

— Divirta-se em Utrecht! — gritou a mulher.

Suas palavras ainda ressoavam na minha cabeça quando eu atravessei a praça da estação. Ainda as ouvia quando virei a esquina e passei por uma larga rua comercial em frente a uma lanchonete com um cheiro forte de gordura. Parei em frente à vitrine de um sapateiro. Eu me sentia tão mal que pensei que fosse vomitar. "Respire fundo, assim fica tudo lá dentro", me dizia a enfermeira do hospital quando eu me sentia assim. Respirei fundo algumas vezes e ajudou.

Um pouco mais tarde cheguei ao portão da casa aonde deveria ir. Ficava em cima de uma mercearia, tinha avisado Dave de manhã. Mal apertei a campainha e a porta foi aberta. Subi. Era uma escada íngreme, coberta por uma passadeira vermelho-escura. No primeiro andar, havia uma lampadazinha acesa. O lance seguinte era mais íngreme que o anterior. Um dos prendedores da passadeira estava solto. Lá em cima vi um homem e uma mulher me esperando. Eles me olharam e não disseram nada.

— Eu sou... — comecei.

— Nós sabemos — disse o homem. — Seu irmão ligou da estação avisando que você viria sozinha.

— Ele disse mais alguma coisa?

— Sim. Quando estavam passando pelo controle, a mulher dele foi detida. Assim que desligasse, iria se juntar a ela.

Segui-os. Na sala, eles me indicaram uma poltrona funda.

— Eu sinto muito — desculpou-se o homem —, não tenho lugar aqui, mas sei de um bom endereço para você.

A mulher pôs uma xícara de chá diante de mim. Eu ainda segurava a pasta. Coloquei-a sobre os joelhos e tomei o chá.

O cruzamento

Na mesma noite voltei para Amsterdã.

— Você pode ficar aqui hoje — disseram em Utrecht. Mas não aceitei. Eu queria voltar imediatamente. Eles insistiram para que eu comesse alguma coisa ou pelo menos descansasse. Mas eu não estava cansada nem com fome.

Liguei para um conhecido de Amsterdã.

— Venha para cá — convidou ele. Eu o havia conhecido poucas semanas antes, na casa de uma família judia. Isso foi depois de levarem os meus pais. "Se você estiver com dificuldades, pode me ligar", dissera, mas eu não tinha mais pensado nele.

Algumas horas mais tarde, carregando a pasta do meu irmão, entrei novamente num trem. Não reparei se havia controle, não prestei atenção na polícia nem nos soldados, nem escolhi um vagão específico. Muito do medo que eu sentia antes havia me abandonado. Se eu fosse detida, pelo menos não teria mais aquela sensação de abandono.

Wout me esperava na estação Amstel.

— Falei com o tio Hannes. Ele vem buscar você amanhã.

Não perguntei quem era o tio Hannes. Parecia até que ele estava falando de algum tio meu e não fiz nenhum comentário.

— Você só tem essa pasta?

— Eu ainda tenho uma mala de roupas, mas ela está na casa da senhora K na rua Weteringschans — respondi.

Wout prometeu que iria buscá-la.

Na manhã seguinte, fui me encontrar com o tio Hannes num ponto de ônibus da praça Suriname. Era um homem idoso de rosto vermelho, cheio de ruguinhas. Eu estava levando a mala de roupas. Tinha deixado a pasta com Wout. Não sabia para onde íamos nem fiz nenhuma pergunta. Percebi que estávamos saindo da cidade e que passamos a seguir por uma estradinha no campo.

Num cruzamento, o tio Hannes me fez um sinal e saltamos. O ônibus prosseguiu a toda a velocidade. Ele pegou uma bicicleta atrás de uma árvore e amarrou minha mala no bagageiro.

— Siga por esse caminho até chegar à quinta fazenda — indicou.

Ele acenou e montou na bicicleta. Fiquei parada no cruzamento vendo o tio Hannes pedalar na direção indicada. A mala balançava de um lado para o outro. Ao longe, uma nuvem de poeira escondia o ônibus. Devia ser mais ou menos meio-dia, pois o sol estava bem alto no céu. O ar vibrava acima dos pastos por causa do calor. Segui o rastro da bicicleta do tio Hannes sentindo o sol queimar minha cabeça e minhas costas. Fiquei contente por ele estar carregando minha mala, porque o caminho até a fazenda era longo. Quando cheguei lá, vi uma camponesa idosa no pátio.

— Entre — convidou ela.

Num aposento escuro de pé-direito baixo havia muitas pessoas sentadas em volta de uma mesa comprida. O tio Hannes se sentou à cabeceira. Alguém puxou uma cadeira para mim e pôs um copo de leite na minha frente. O leite estava frio. No centro da mesa havia uma travessa com sanduíches. Todos comiam. Uma mulher ao meu lado pôs dois sanduíches no meu prato.

— Você precisa comer, minha filha — disse, sorrindo.

Seus cabelos pretos estavam presos num coque na altura da nuca. Suas mãos eram longas e magras, mãos bonitas com dedos finos e unhas pontiagudas. Mãos de uma mulher que na noite de sexta-feira estende na mesa uma toalha branca adamascada, coloca o cálice de prata do *kidush* ao lado da garrafa de vinho e cobre o pão com um paninho bordado. Pensei na minha mãe, pondo a mesa nas noites de sexta quando, na sala clara e acolhedora, esperávamos o meu pai chegar da sinagoga. Então iniciávamos o *shabat* com um gole de vinho e um pedaço de pão.

— Coma alguma coisa — repetiu a mulher. Peguei um sanduíche e olhei ao redor. Mulheres de avental estampado. Homens de macacão. Não pareciam camponeses.

Um garotinho do lado oposto da mesa me lançava um olhar curioso com seus olhos castanho-escuros enquanto mastigava um sanduíche de boca cheia. A mulher ao meu lado encheu meu copo outra vez.

— Minha filha tem a sua idade.

— Ah, é? — falei. — Estava tão quente na estrada!

— Aqui está fresco — disse ela. — Eu não sei onde ela está.

— Quem?

— Minha filha.

— Ah, sim — eu disse, e acrescentei logo em seguida: — Eu tive que andar tanto!

— Sim, fica bem longe — comentou. — Ela também poderia estar aqui. Teria sido possível.

— É? Do cruzamento até aqui é uma boa distância.

— Você vai ficar aqui? — indagou ela.

— Não sei.

Depois da refeição, o tio Hannes juntou as mãos e orou. Os outros inclinaram a cabeça e depois da oração se levantaram e saíram da sala. Eu fiquei sozinha à mesa.

— Viu quanta gente na clandestinidade eu tenho aqui?

Assenti com um gesto e disse:

— Sim, eu vi.

— Não posso esconder você aqui, tem que ir para outro lugar.

— Está bem.

— O rapaz vai levar você — prosseguiu ele, e foi até a janela.

Uma menina de faces coradas entrou e começou a tirar a mesa.

— Está vendo aquela árvore? — perguntou o tio Hannes, apontando para fora.

Eu me levantei e fui até o lado dele.

— Quando chegar perto da árvore você vai ver um cruzamento. Fique lá esperando pelo rapaz.

A menina de faces coradas varria o chão. Havia pedacinhos de palha e migalhas. Debaixo da cadeira na qual o menino de olhos castanhos se sentara havia pedacinhos de casca de pão. Indecisa, eu me dirigi para a porta, sem saber se deveria partir imediatamente ou não. O tio Hannes continuava olhando para fora. A menina juntava as migalhas numa pá.

— Boa sorte — disse o tio Hannes.

Ele se virou e acenou. Saí da sala. Minha mala estava no corredor. Lá fora fazia um sol de rachar e pairava um cheiro forte de estrume. Atravessei o jardim e comecei a caminhar pela estrada sem olhar para trás.

A cama

O rapaz veio com duas bicicletas. Eu estava esperando por ele na passagem de nível sem guarda e vi seu topete loiro esvoaçando sobre o rosto queimado de sol. Ele apoiou as bicicletas num poste, pegou minha mala e a prendeu no bagageiro.

— Temos que ir para aquele lado — avisou, apontando para um caminho que atravessava o pasto. Assenti e montei. Ele pedalou na minha frente pela estradinha de terra.

O calor aumentava. Um cavalo junto a uma cerca espantava moscas com o rabo. Vacas pastavam aqui e ali, virando a cabeça vagarosamente para nos fitar. O rapaz pedalava em frente, sem olhar para trás. O caminho ficava cada vez mais difícil por causa da terra seca e solta. Eu tinha que fazer força ao pedalar para o pneu não escorregar. Mas, depois que seguimos por outra trilha, ficou mais fácil. Passamos por um canal ladeado de casinhas.

O rapaz veio pedalando até o meu lado e avisou:

— Estamos quase chegando. — Ele havia enrolado um lenço no pescoço.

Por todos os lados viam-se mulheres atarefadas, esfregando as pedras na frente das casas e limpando as janelas. Crianças brincavam na relva ao longo do rio. Um pescador sentado observava, imóvel, sua boia. Descemos da bicicleta diante de uma das casas. Eu tinha a impressão de que as minhas roupas estavam coladas ao meu corpo.

— É aqui — avisou o rapaz. Seguimos por um caminho de cascalho que levava aos fundos da casa, onde havia uma porta aberta que dava acesso à cozinha.

Uma mulher estava sentada à mesa descascando batatas.

Seu rosto era magro, com um nariz afilado, o cabelo loiro caindo em pontas desleixadas.

— Aqui está ela — anunciou o rapaz.

— Quem? — indagou a mulher, levantando os olhos.

— A menina.

— Já? — Ela continuou sentada, com uma batata meio descascada numa das mãos, e com a outra afastou uma mecha de cabelo.

— Você sabia, não? Você mesma se inscreveu, não foi?

— Foi — respondeu a mulher. Ela falava com uma voz arrastada. — Mas eu não sabia que seria tão rápido.

— Pois bem, ela está aqui.

Eu estava parada na porta, com um pé no cascalho e outro na soleira. A mulher me olhou por um instante e continuou descascando batatas.

— Não temos cama.

— Isso nós trazemos — retrucou o rapaz.

— Quando?

— Talvez ainda hoje, talvez amanhã.

— Tomara que sim — disse ela.

— Bem, eu vou embora. — O rapaz saiu e ergueu a mão. — Tudo de bom! — gritou para mim. Ele montou na bicicleta e pedalou, puxando a outra com a mão, tal como eu tinha visto na passagem de nível.

— Sente-se — falou a mulher.

Fui me sentar do outro lado da mesa. As batatas caíam na bacia fazendo "plof". A água respingava na minha perna, o que me deixava arrepiada, mas eu não a afastei. Esperava pelas gotas de cada batata descascada como uma pessoa sedenta que, aos poucos, recebe algo para beber.

— Nós comemos muita batata — comentou a mulher, quando a tigela ficou cheia.

— Sua família deve ser bem grande.

— Somos seis e tem mais um a caminho.

— Nós éramos cinco. — Eu não me lembrava de lá em casa termos descascado tantas batatas.

— Todos os outros partiram?

— Sim.

— Dizem que ninguém volta de lá.

Ela ergueu os olhos. Ouvi passos no cascalho. Alguns meninos entraram correndo na cozinha, e logo atrás vinha um homem. Era alto, corpulento, com mãos enormes. Ele me olhou em silêncio. Os meninos também pararam quando me viram.

— Ainda não temos cama — disse a mulher.

— Então, não vão trazer?

— O rapaz disse que talvez hoje, talvez amanhã.

— Ora, ela pode ficar com você na cama, eu me ajeito na dos meninos. — Ele afundou numa poltrona velha e pôs os pés na beira da mesa. Usava meias grossas e pretas. Tinha deixado os tamancos na entrada. — Vamos dizer que você é uma prima de Roterdã — disse ele para mim.

— Mas não temos parentes em Roterdã — retrucou a mulher.

— Temos uns parentes em Roterdã, sim. Em todo caso, eu tenho um primo que morou lá.

— E se eles não trouxerem a cama? — recomeçou a mulher.

— Então eu vou buscar — respondeu o homem. Ele enrolou um cigarro.

A mulher jogou lenha no fogo e colocou a panela com batatas para cozinhar. A lenha crepitava com um cheiro de resina e fumaça. Os meninos tinham ido para fora e de vez em quando espreitavam pela janela. Fazia um calor sufocante na cozinha. A mulher colocou os pratos na mesa. Sete pratos, contei.

O pião

À margem do rio, nosso vizinho Rinus pescava. Sentei-me ao lado dele e fiquei olhando para a boia.

— Você quer remar? — perguntou. Estava imóvel, com o caniço na mão. Sua perna de pau estendida na grama parecia um remo que alguém tivesse deixado por lá.

— Quero. Eu gostaria de remar um pouco hoje à tarde.

— Está bem. Pode levar o barco, não vou precisar dele.

Rinus já havia me emprestado o barco várias vezes, quase não o usava. Passava a maior parte do tempo pescando. Desde que perdera a perna — certa vez me contou sobre seu acidente com um trator — não fazia muita coisa. Fiquei sentada por um tempo. O sol queimava minhas costas, e me senti tão mole que me dava vontade de ficar à beira d'água o dia inteiro. Mas eu precisava ir ao vilarejo.

— Olha — disse Rinus —, lá vai mais um.

Primeiro pensei que ele tinha apanhado um peixe, mas estava olhando para o céu, onde um ponto prateado se movia, roncando.

— Não vai durar muito tempo, você vai ver.

Pensei no meu pai, que dizia sempre a mesma coisa. Rinus observava a boia. Mesmo quando outros aviões passaram, ele continuou olhando para a água. Eu me levantei e fui até o barquinho, empurrei-o da margem e comecei a remar lentamente para o meio do lago. Eu via Rinus ficar cada vez menor. O único som que ouvia era a quilha do barco batendo na água. Sem me dar conta, tinha ido parar no meio dos juncos. Puxei os remos para dentro e continuei sentada. Tudo parecia normal. Era uma tarde de verão e eu remava. Ao longe, um trem apitou. Levava, quem sabe, pessoas de férias para algum lugar. Por trás dos juncos, dava para ver as estufas dos viveiros de Aalsmeer. Estavam cheias de flores. Flores para colocar nos vasos. Flores para um aniversário. Muitas felicidades e aqui estão umas flores. Eu estava remando um barco, uma delícia! Com um salto, uma rã mergulhou entre os juncos. Eu tinha que me apressar. Manobrei o barco entre os juncos e remei em direção ao vilarejo.

Eu tinha marcado de me encontrar com Wout num bar perto da estação. Sentei-me junto à janela para esperá-lo. Havia pouca gente. Uma vitrola tocava música alemã. Lá fora crianças brincavam com um pião. Atrás delas vinha Wout com a pasta do meu irmão debaixo do braço.

— Você está gostando daqui? — perguntou, sentando-se na minha frente. Ele tirou uns livros da pasta.

Fiz que sim.

— Mas preferia estar em Amsterdã.

— Por quê? Aqui é relativamente tranquilo. Você não estaria em segurança em Amsterdã.

— Aqui é como se eu estivesse de férias. Eu sempre saio para remar, me deito, tomo sol, ajudo um pouco em casa e não faço mais nada.

— Em Amsterdã você também não poderia fazer nada — disse ele.

— Você conseguiu alguma informação para mim?

— Sim — respondeu, olhando para fora. — Eles foram deportados.

Segui seu olhar.

— É a época dos piões — comentei.

Uma menina rodava seu pião vermelho na calçada. Ela bateu nele com uma varinha, e o pião pulou, fazendo uma curva graciosa, dando voltas como um bailarino, e foi parar na rua, bem na frente de um caminhão.

Wout brincava com um porta-copos. Girava--o na mesa e o deixava cair entre seus dedos. Alguns soldados passavam. Os passos pesados ressoaram durante muito tempo. A menina tinha encontrado o pião destruído.

— Eles vão voltar, você não acha? — perguntei.

— Sim. Deve terminar logo.

— Vamos embora daqui.

Levantamo-nos. No momento exato em que eu saía pela porta giratória, entrava um soldado alemão. Fizemos a porta girar ao mesmo tempo.

Lá fora, a criança chorava por causa do pião.

A outra

A cama que o tio Hannes tinha prometido trazer não veio, e o homem também não foi buscá-la. Ele sempre voltava para casa morto de cansado e se levantava pouco antes de o sol nascer. Trabalhava para um fazendeiro, e o serviço era muito pesado, principalmente nos meses de verão. Aos domingos, passava a maior parte do dia dormindo. De vez em quando, de brincadeira, se fazia de bobo e mexia com a esposa, mas logo parava porque ela se irritava.

Durante todo esse tempo fui obrigada a dormir na cama com a mulher enquanto o marido dormia em outra com os meninos. O sótão era abafado, nunca arejado. Eu dormia mal, pois não ousava me mexer com medo de encostar nela. Ela havia me dito que nunca se lavava. "Mas eu nunca estou suja, mudo de roupa toda semana", disse.

— Sem dúvida vocês tinham uma casa mais espaçosa, não é? — perguntou o homem.

— Sim — respondi.

— Com camas suficientes? — indagou a mulher.

— Muitas, sempre tínhamos hóspedes.

— Quantas? — quis saber ela.

Tive que pensar, já não conseguia visualizar bem a casa. Via a rua em Breda, os campos de pastagem de um lado, o jardim da frente do outro; o buraco no pavimento pelo qual eu sempre dava a volta de bicicleta, a rampa no meio-fio por onde eu subia, a portinhola sempre aberta por onde se enfiava o braço para puxar o trinco. Vi a porta que batia, o corredor, as portas dos quartos. A escada.

— Já não sei mais — falei.

— Ah, havia o suficiente, em todo caso — replicou a mulher.

— Acho que sim.

— É uma pena, uma casa dessas — comentou ela.

— O que é uma pena? — quis saber o homem.

— Ora, uma casa dessas, com tudo dentro!

— Quando a guerra terminar, vamos voltar a morar lá — eu disse.

— Sim, sim — concordou o homem. Ele enrolou um cigarro e olhou para mim. — Ah, sim — repetiu, depois de umedecer o papel do cigarro com a língua.

Foi a minha última noite com eles. Eu ia embora no dia seguinte. O dinheiro que Dave deixara na pasta estava acabando. Agora que eu não podia mais pagar, não queria ser um peso para uma família pobre. Wout sabia de um endereço para mim em Heemstede. Sentei--me à mesa da cozinha e comecei a descolorir meu cabelo. Já estava dando para ver vários fios pretos. O produto forte que me deixava loira já não doía mais.

— É melhor quando se é loira natural — comentou a mulher.

— Mas ela não é. Se fosse, não estaria aqui — retrucou o homem.

— A sua gente é sempre morena, não é? — perguntou ela.

— Não, nem sempre.

— Mas sempre dá para ver o que são — disse ela, pensativa, alisando o ventre redondo. — Uma vez eu conheci um judeu. Um homem correto. Ele frequentava a casa da mulher para quem eu trabalhava.

No dia seguinte, fui me encontrar com Wout no ponto de ônibus. Vi que ele olhava para o meu cabelo.

— Está dando para notar alguma coisa?

— Você ficou bem loira.

— Não está artificial?

— Não, não tem nada de suspeito na sua aparência.

Mas eu não tinha tanta certeza assim. Embora já estivesse habituada à ideia de que um dia me pegariam, eu me sentia pouco à vontade durante as viagens.

— Aja normalmente — recomendou Wout.

Pensei na época em que eu era realmente normal. Perguntei-me como era isso. Tinha me esquecido de como eu olhava ao andar na rua, o que sentia ao subir num trem, o que dizia quando entrava numa loja. Wout trazia meu documento de identidade. Ele me entregou pouco antes de entrarmos no ônibus. Eu já havia jogado o antigo fora. Custara muito dinheiro, mas foi um serviço malfeito. Este não tinha custado nada.

— Que nome você me deu? — perguntei.

— Um nome bonito.

Lembrei-me de uma tia que certa vez ficou muito doente. Foram feitas preces a ela na sinagoga; deram-lhe outro nome, um nome lindo da Bíblia; ela se recuperou.

No ônibus, examinei meu documento. Minha foto de cabelo claro e minha impressão digital. Li o nome. Era como se eu estivesse sendo apresentada a mim mesma. Repeti-o baixinho, algumas vezes.

Mais tarde, já em Heemstede, enquanto caminhávamos ao longo de um canal estreito, Wout apontou para uma casa baixa e velha.

— Olha, é essa. Aqui você vai ficar completamente em segurança.

Atravessamos uma pequena ponte com um portão de ferro. Uma moça alta e loira, de macacão, veio ao nosso encontro.

Eu disse o meu nome, o meu novo nome.

Epílogo

O ponto

Algumas semanas após a Liberação, procurei o meu tio em Zeist. Os invasores tinham-no deixado em paz porque ele era casado com uma mulher não judia. Embora eu não tivesse avisado com antecedência, vi-o no ponto do bonde.

— Como o senhor soube que eu estava vindo?

— Eu fico todo dia esperando no ponto — explicou. — Para ver se o seu pai vem.

— Mas o senhor recebeu o comunicado da Cruz Vermelha, não?

— Sim, eles podem dizer isso agora, mas eu não acredito. Nunca dá para ter certeza.

Atravessamos a pracinha e caminhamos até sua casa, que ficava a uns dois minutos do ponto. Fazia anos que eu não via o meu tio e o achei bastante mudado. Ele devia ter uns 50 anos, mas caminhava ao meu lado com passos curtos e arrastados, como se nada mais esperasse da vida. Seu cabelo tinha ficado totalmente branco, o rosto, amarelo e cavado. Apesar de sempre ter se parecido com o meu pai, agora eu não conseguia encontrar nenhuma semelhança entre os dois. Nada mais tinha do tio alegre e despreocupado de antes. Ele se deteve um instante em frente à porta.

— Não fale com a sua tia sobre isso — disse, inclinando-se na minha direção. — Ela não entende.

Colocou a chave na fechadura, eu subi atrás dele. Numa salinha escura, minha tia servia o chá. Meu tio foi se sentar numa poltrona perto da janela.

— Daqui dá para ver a chegada do bonde. É bastante conveniente. Agora existe uma linha regular de Utrecht.

Ele se levantou e saiu da sala arrastando os pés.

— Seu tio está doente — disse a minha tia. — Felizmente ele não sabe disso, mas não vai melhorar. Ele ficou muito abalado com o que aconteceu com a família.

Balancei a cabeça, assentindo. Comentei que dava para notar pelo aspecto dele e que achava que ele havia mudado muito.

— Sssh — fez ela com o dedo nos lábios.

Ele entrou.

— Olha — disse, mostrando umas peças de roupas escuras que trazia penduradas no braço. — É um terno muito bom e não tem nada faltando.

— É seu? — perguntei.

— Eu o guardei todos esses anos, com bolas de naftalina, pendurado no armário. — E havia algo de triunfante em sua voz quando me sussurrou: — Para o seu pai.

Ele pendurou o terno cuidadosamente numa cadeira e prosseguiu:

— Eu também tenho um par de sapatos no armário. Estão bons como se fossem novos. Quer ver?

— Daqui a pouco.

Mas ele se esqueceu, pois, quando me levantei para ir embora, meu tio logo vestiu seu casaco.

— Vou acompanhar você — disse, consultando o relógio. — O bonde já está vindo.

O bonde estava quase partindo. Eu me despedi às pressas e pulei para dentro. Acenei dos fundos, mas ele não retribuiu. Estava olhando para o bonde que vinha do outro lado, então compreendi que era a esse que tinha se referido. Antes de fazer a curva, vi-o, pequeno e curvado, examinar os passageiros que saltavam no ponto. Depois disso o visitei diversas vezes. Eu nunca avisava antes. Ele estava sempre no ponto. Cada vez eu o via mais velho e doente, e ele me mostrava o terno guardado no armário.

Um dia minha tia me comunicou que ele havia falecido. Voltei a Zeist e no caminho pensei como seria estranho não vê-lo mais no ponto. Quando desci, olhei em volta involuntariamente.

Na penumbra da sala, minha tia, sentada à mesa, jogava palavras cruzadas. Segurava um lápis de ponta fina. Fui me sentar na poltrona perto da janela e afastei um pouco a cortina para o lado. No fim da rua vi uma parte do abrigo do ponto do bonde.

— Ele gostava tanto de se sentar aí para olhar o bonde — comentou a minha tia.

— Daqui dá para vê-lo chegar.

— Era o que ele dizia. Mas na verdade eu nunca consegui ver direito. — Ela veio para trás de mim e se curvou por cima do meu ombro. — É, não dá para ver quase nada.

Mas não era verdade. Da poltrona do meu tio dava para ver muito bem o ponto. Só então entendi por que o meu tio me avisara para não falar sobre isso com ela. Pouco antes de eu ir embora, minha tia veio com o terno.

— Tome, seu tio disse para dar a você.

— Mas não tem nada que eu possa fazer com ele. Dê para alguém que possa usar.

Quando saí da sala, ela se curvou novamente sobre suas palavras cruzadas. Devagar, caminhei até o ponto, não vi nenhum bonde. Mas, nesse meio-tempo, do outro lado, chegava um.

Como se esperasse por alguém, parei para olhar as pessoas que saltavam. Alguém com um rosto familiar, ali, bem na minha frente. Mas eu não tinha a fé do meu tio. Eles não voltariam nunca mais, meu pai e minha mãe. Nem Bettie, nem Dave, nem Lotte.

Glossário

Bimá:	plataforma no centro da sinagoga, onde se lê a Torá, o texto central do judaísmo.
Berachá:	bênção.
Chazan:	cantor que dirige os cânticos religiosos.
Kehilah:	comunidade judaica.
Mitzvá (plural: *mitzvot*):	mandamento.
Sheitel:	peruca usada pelas mulheres judias ortodoxas casadas.
Taça de *kidush*:	taça ou cálice de vinho que se passa pela mesa para toda a família beber na refeição do *shabat* (dia do Senhor).
Sêder:	refeição feita nas duas primeiras noites de Pessach, a páscoa judaica, quando a fuga do Egito é celebrada simbolicamente.
Sidur:	livro de orações judaico.
Talit:	manto que os homens usam para rezar.

Este livro foi composto na tipografia Palatino
LT Std, em corpo 12/17, e impresso em
papel off-white no Sistema Cameron da
Divisão Gráfica da Distribuidora Record.